RAINER GOTTSCHALK

Das
soziale Koma

Nie zuvor haben so viele Menschen in unseren Breitengraden studiert – und nie zuvor war der Faktor Mensch so wertlos wie heute.

Das soziale Koma

RAINER GOTTSCHALK

Das
soziale Koma

Nie zuvor haben so viele Menschen in unseren Breitengraden studiert – und nie zuvor war der Faktor Mensch so wertlos wie heute.

Impressum

© 2011 Rainer Gottschalk „Das soziale Koma"
Alle Rechte vorbehalten
1.Auflage 2011

Umschlag: Rainer Gottschalk
Titelfoto: Rainer Gottschalk
Herstellung und Verlag: Books on Demand GmbH, Norderstedt (www.bod.de)

ISBN: 978-3-8423-7233-7

Das soziale Koma

Das soziale Koma

Vielen Dank!

Ich widme dieses Buch mit großem Dank allen, die in den vergangenen Jahren dafür gesorgt haben, dass ich das alles erleben durfte. Die überwiegende Mehrheit kenne ich nicht persönlich aber ich durfte ihr zur Schau gestelltes Verhalten und Auftreten ausgiebig genießen und studieren. Ohne all diese Erfahrungen wäre dieses Buch nie zustande gekommen.

Ein weiterer Dank geht in besonderer Weise an meinen damaligen Arbeitgeber Er hat mir viel Vertrauen geschenkt und durch die Entsendung auf zahlreiche Reisen maßgeblich zu dieser Erfahrungssammlung beigetragen.

Ich danke außerdem ganz besonders Alex, Benni, Micha und Sonja für ihre Unterstützung, Anregungen, Korrekturen und wertvollen Hinweise.

Das soziale Koma

8

Inhaltsverzeichnis

Vorwort I

Man sagt: Reisen bildet. Wie wahr. Ich habe inzwischen unzählige Reisen unternommen. Private aber vor allem geschäftliche. Und jedes Mal kommen neue Eindrücke und Erfahrungen hinzu, die mein Leben, Verhalten und meine Ansichten verändern und prägen.

Die Welt ist ein Buch. Wer nie verreist, sieht nur eine Seite davon.

Augustinus Aurelius [1]

Reisen bilden sogar eine perfekte Plattform zur Bildung. Man muss nur aufmerksam durch die Welt gehen. Flugzeuge, Bahnhöfe und Abfluggates sind voll von öffentlichen Bildungsangeboten. Strengvertraulich natürlich. Greifen Sie doch zu. Man will es so. Und vergessen Sie nicht, den freudigen Geber auch ausreichend zu bewundern.

Die Menschheit trägt sich selbst zur Schau und wundert sich über das Ergebnis. Noch alles klar? Da gehen (scheinbar) hochdotierte Manager auf Reisen und tragen höchstvertrauliche Daten und Informationen ihrer Firmen schön garniert mit der individuellen Note an Dummheit in alle Welt. Sie zwingen Mitreisenden quasi die Informationen auf. Man kommt – und wenn man sich noch so sehr dagegen sträubt -oft gar nicht umhin, vertrauliche Dinge einfach anzuhören oder anzusehen. Denn sie werden im Minutentakt fröhlich in alle Welt posaunt. Geistige Inkontinenz.

Selbstverständlich sind die Träger dieser Informationen keine gewöhnlichen Mitarbeiter. Die sind für solch heikle Missionen schließlich nicht zu gebrauchen. Der Chef selbst muss da schon ran. Und zwar möglichst so, dass alle, aber auch wirklich alle in der Schalterhalle das auch merken. Menschen, die in Ihrem anderen Leben als Bereichsleiter, Manager oder gar Firmeninhaber Verantwortung tragen und teilweise sicherlich auch vorbildliche Führungskräfte sind. Im Betrieb müssen sie das allerdings auch niemandem mehr beweisen. Aber woher bitte soll der ahnungslose Fluggast von Flug LH 142, Sitz 18F wissen, dass neben ihm eine bedeutende Kapazität seiner Branche sitzt?

Es ist äußerst amüsant und zugleich brüskierend zu beobachten, wie sich hochkarätige Mitarbeiter und Führungskräfte außerhalb Ihres Unternehmens verhalten und welche Rituale und Balztänze vollführt werden, um die eigene Wichtigkeit und Position zu veröffentlichen.

Bitte schnallen Sie sich nun an, klappen Sie die Tische vor Ihnen zurück und genießen Sie einen Flug durch einen ganz gewöhnlichen Reisealltag.

Viel Vergnügen!

Vorwort II

Arbeitsanweisung

Das Ihnen nun vorliegende Buch hat natürlich auch ein Ziel: Es soll ein Spiegel sein. Ein Spiegel, in dem Sie menschliche Verhaltensweisen auf öffentlichem Terrain betrachten können. Folglich soll es auch zum Nachdenken anregen. Denn nur durch Denkprozesse wird etwas geändert. Wie im täglichen Berufsleben eben auch. Durch Denken und Opfern kleiner grauer Zellen wurden schon großartige Errungenschaften für die Menschheit vollbracht.

Leider haben sich die Menschen unserer Gesellschaft aber zu einer „humanitäts-

amputierten", faktisch gesteuerten Spezies verändert.
Geklonte Fallstudienakrobaten mit Multiple-Choice-Wissen. Exzellentes Managementwissen aber mangelhafte zwischenmenschliche Fähigkeiten.

Softskills oder zwischenmenschliche Fähigkeiten sind immer seltener zu finden. Weil sie keinen Gewinn bringen. Scheinbar. In unserer Gesellschaft zählen nur das Sichtbare, die Zahlen, Ergebnisse und Erfolge. Daran werden wir gemessen, verglichen und bewertet. Das unsichtbare Fundament der sozialen Fähigkeiten wird verdrängt, weil wir damit nicht klarkommen. Das ist was für Weicheier und Sozialpädagogen. NEIN! Das ist etwas für uns alle. Für Sie und für mich. Diese Fähigkeiten bilden die Grundlage unseres menschlichen Miteinanders. Ein Fundament eines Hauses ist schließlich auch nicht sichtbar. Aber ohne Fundament würde kein Haus sicher stehen. Man sieht es nicht aber es ist wichtig. Sehr wichtig sogar. Oder denken Sie einen Moment an die Titanic. Deren Problem war nicht der sichtbare Teil des Eisberges. Die Folgen sind weithin bekannt. Und genauso werden auch wir untergehen wenn wir uns um diesen Teil des Lebens nicht kümmern.

Dieses Buch wird Sie immer wieder mit kritischen Gedanken, Fragen und Fakten konfrontieren. Im eigenen Interesse – denn sonst hätten Sie dieses Buch ja nicht gekauft – empfehle ich Ihnen, hier etwas Zeit zu investieren und nachzudenken. Sich selbst zu hinterfragen. Eigene Handlungen (die oftmals unbewusst geschehen) aufzudecken und sich im Bedarfsfall neu auszurichten. Lassen Sie sich Zeit und denken Sie vor allem zu Ende. Die meiste Zeit in unserem Leben verlieren wir, weil wir nicht zu Ende gedacht haben.

Nehmen Sie einen Stift zur Hand und kritzeln Sie alles, was Ihnen einfällt zwischen die Zeilen oder die dafür vorgesehenen freien Plätze. Machen Sie Notizen, Kommentare und skizzieren Sie Ihre bisherigen Verhaltensweisen und ebenso die, die Sie in Zukunft an den Tag legen wollen. Machen Sie es wie mit Ihren Unterlagen am Arbeitsplatz auch und gestalten Sie nun Ihren individuellen „Business Plan der zwischenmenschlichen Aktivitäten".

Das soziale Koma

1. Köstlichkeiten auf dem Weg zum Flughafen

**Der Sinn des Reisens besteht darin,
die Vorstellungen mit der Wirklichkeit
auszugleichen, und anstatt zu denken, wie die
Dinge sein könnten, sie so zu sehen wie sie sind.**

Samuel Johnson [2]

Wenn ich reise, dann genieße ich – trotz der manchmal ungewohnten Zahlenkombination auf meiner Uhr – das ganze Spektakel. Menschen morgens in der S-Bahn auf dem Weg zum

Flughafen sind herrlich. So herrlich, dass man sich bei genauer Betrachtung ausgezeichnet daran erfrischen kann. Damit ist schon die Grundstimmung für den Tag gelegt. Ein Theater voll erstklassiger Schauspieler könnte keine bessere Stimmung inszenieren.

Da sind zum einen die Träger schöner Business-Anzüge. Die schnarchen gewöhnlich so herzzerreißend, dass man fast annehmen muss, dass diese armen Menschen aus welchen Gründen auch immer keine Zeit zur Nachtruhe fanden. Wenn man direkt neben solch einem schicken Anzug sitzen darf, dann kommt man gelegentlich auch in den Genuss einer unmittelbaren Erkenntnis. Bei genauem „Schnüffeln" lässt sich die Art des Cocktails noch erkennen, der vor wenigen Stunden durch die nun qualvoll röchelnde Kehle geflossen sein muss.

Da sind aber auch schon einige Zeitungsleser. Wenn man die Bild mal als Zeitung durchgehen lässt, sind es sogar ganz schön viele. Allerdings reduziert sich deren Aufmerksamkeit zu so früher Stunde eher auf die Bild-Girls. Zeitungen sind ohnehin ein beliebtes Mittel um den Stand der Bildung zu demonstrieren. Ob „Die Welt", „FAZ", „Financial Times", „Bild" oder „Süddeutsche": alle Arten, Gattungen und Vertreter sind üblicherweise zu finden. Die Titelseiten informieren in Steno was zu erwarten ist. Der Sport ist cool, aber macht keinen Eindruck. Der Blick in die Welt: Pflicht. Kulturblock: Interessant, wird aber meist nicht verstanden. Der Wirtschaftsteil dagegen wird ausführlich und vor allem öffentlich gelesen. Man muss ja zeigen, dass man etwas vom Spiel der Wirtschaft versteht. Er lässt Kleinaktionäre frohlocken oder verzweifeln. Hier trennt sich die Spreu vom Weizen. Früh morgens schon um 4.30 Uhr.

Man sieht aber auch die ersten, eifrig in den Laptop starrenden, frischrasierten Männer, die offensichtlich eine wichtige Präsentation vor sich haben. Vermutlich haben sie das mit der Präsentation erst vom Wecker morgens ins Ohr geflüstert bekommen, denn sie murmeln hektisch irgendwelche Satzfragmente vor sich hin und versuchen mit ausladenden Armbewegungen (die eher an Rettungsschwimmer erinnern), die Texte eindrucksvoll zu unterstreichen. Arme Menschen.

Keine Zeit zur Vorbereitung. Und nun diese Reise. Leider wohl umsonst. In jedem halbwegs anständigen Kurs über Präsentationen wird darauf hingewiesen, dass Vorbereitung essentiell ist. Kein Boxer steigt schließlich in den Ring ohne vorher akribisch genau seinen Gegenüber studiert zu haben und sich wochenlang dafür vorbereitet zu haben.

Und dann gibt es da noch die Programmierer, EDV-Spezialisten, IT-Abgeordnete und was sonst noch so alles in der binären Welt zu Hause ist. Man erkennt sie üblicherweise an verwaschenen Jeans, ausgeleierten T-Shirts und mit abgelatschten Trekkingsandalen umrahmten weißen Tennissocken. Köstlich. Diese Typen wiederum sind zu dieser Uhrzeit bereits hellwach. Oder besser: noch wach. Das liegt daran, so erklärte es mir einmal ein Vertreter jener Branche, dass EDV'ler in der Regel nachtaktive Menschen sind und dort erst so richtig zur Hochform auflaufen können. Klar, dann sind auch keine User mehr im Netz. Das ist wie mit der Putzfrau. Die kommt auch erst, wenn alle das Büro verlassen haben. Folglich waren diese IT-ler wahrscheinlich noch gar nicht im Bett, sondern sind vermutlich auf dem Rückweg von irgendeinem mitternächtlichen Red-Bull-Kongress mit partieller EDV-Orientierung. Arme Vögel.

Zwischen all diesen Figuren hängen dann noch die Beamten der Polizei oder Grenzschutzes rum, die gleich uns – oder besser: wegen uns! – den gleichen Weg zum Flughafen haben. Verträumte, kaffeeschlürfende Grünlinge auf dem Weg zur Frühschicht. Die könnten sich um diese Zeit sicherlich auch Besseres vorstellen als zum Flughafen zu fahren um Dir und mir eine sichere Abreise zu gewährleisten. Aber Dienst ist Dienst. Das gilt auch für Deinen Freund und Helfer.

Ach ja, und dann sind da noch ein paar andere Menschen. Menschen wie Du und ich, die einfach einmal verreisen dürfen, um eine Mission, einen Auftrag zu erfüllen. Diese Art von Mensch ist in der Regel unauffällig, leise vergnügt und gedanklich bei der Arbeit im Büro. Denn es plagt ständig das schlechte Gewissen, dass man nun nicht am Schreibtisch sitzt und irgendwelche Aufgaben abarbeitet für die man eigentlich bezahlt wird. Aber Reisen gehört eben mit zur Arbeit.

Neben all diesen, meist in hübsche Anzüge verpackten, Businesskaspern gibt es auch noch Touristen, die ebenfalls anwesend sind – jedoch in der eindeutig besseren Ausgangslage, denn sie werden herrliche unbeschwerte Urlaubstage irgendwo auf dieser, inzwischen so klein gewordenen, Welt verbringen. Diese Menschen sind gewöhnlich extremgut gelaunt (es sei denn, sie reisen zurück) und genießen bereits die ersten Stunden des Urlaubs und den Flug.

Haben Sie sich gefunden? Ist Ihnen ein Verhaltensmuster nahe gegangen? Nein? Dann liegt das möglicherweise daran, dass Sie gar nicht verreisen …

Denken Sie einmal darüber nach und nehmen Sie sich Zeit für die folgenden Gedanken und beantworten Sie im Anschluss die folgenden Fragen ehrlich.

[Persönliches Erscheinungsbild]

Wussten Sie, dass Ihre persönliche Wirkung bei jeder Art von Kommunikation nur zu

> ➤ *7 % auf dem Inhalt des Gesagten beruht?*
> ➤ *38 % entfallen auf Ihrer Stimme und*
> ➤ *55 % auf Ihr persönliches Erscheinungs-bild!*

Überrascht? Nicht was wir sagen, sondern wie wir es sagen und vor allem wie wir auftreten ist wichtig. Wir werden danach bewertet, bewusst oder unbewusst.

Wir treffen überall Mitarbeiter, Kollegen oder Geschäftspartner. Am Empfang, in der Telefonzentrale, am Flughafen, bei Kongressen, Messen oder sonstigen Veranstaltungen. Als Visitenkarte des Unternehmens sind unsere Vorstellungen von ihnen klar: stets freundlich, zuvorkommend und kompetent sollten sie sein. Wir erwarten kundenorientiertes Verhalten in jeder Gesprächssituation, ein professionelles Auftreten und ein ansprechendes, persönliches Erscheinungsbild.

Think about…

- ✓ Wie sind Sie bisher aufgetreten (Kleidung, Stimme, Gesamtbild)?

- ✓ Wie treten Sie nun in Zukunft auf?

- ✓ Wie wollen Sie diese Änderungen erreichen?

- ✓ Wie werden Ihr Verhalten und Ihr Auftritt in der Öffentlichkeit wahrgenommen?

✓ Wie benehmen Sie sich außerhalb Ihres vertrauten Umfeldes?

✓ Haben Sie schon einmal andere Reisende beobachtet und Rückschlüsse auf Ihr Verhalten abgeleitet?

✓ Was wollen Sie, dass die Menschen über Sie sagen, und was tun Sie dafür?

Persönliche Notizen

Beachte immer, dass nichts bleibt, wie es ist und denke daran, dass die Natur immer wieder ihre Formen wechselt.

Marc Aurel [3]

Zeit ist heute knapper denn je. Warum? Weil die Angebote zunehmen und der Wandel schneller vollzogen wird als noch vor hundert Jahren. Autos werden immer schneller, Computer immer besser und leistungsstärker und perfekte Kommunikationswege optimieren die Geschwindigkeit des Wandels. Und…was ist der Preis für diesen High-Speed-Wandel? Chaos auf den Straßen, Internet-Kriminalität und die Qual der vollkommenen Erreichbarkeit an jedem Ort, zu jeder Zeit.

Menschen die im Berufsleben stehen haben heutzutage nicht wirklich viel Zeit. Die Erwartungen sind sehr hoch, bisweilen sogar unrealistisch und unverschämt. Organisationen sind permanent im Wandel und Restrukturierungen prägen den wirtschaftlichen Alltag. Dennoch versuchen wir allen Anforderungen gerecht zu werden, kämpfen und verzichten. Schließlich wollen wir ja auch erfolgreich sein. Sieger. Anerkennung bekommen. Aber was ist der Preis für dieses Verhalten? Sind wir uns bewusst, dass alles was wir im Leben haben wollen auch einen Preis hat? Soll ich Ihnen einige Beispiele nennen?

- ➢ Wenn Sie erfolgreich sein wollen, dann müssen Sie viel Engagement aufbringen, wirklich gute Ideen entwickeln und dafür viel private Zeit investieren.
- ➢ Wenn Sie reich werden wollen, dann müssen Sie entweder unglaublich viel arbeiten, einen Zweitjob annehmen oder eine gute, der Menschheit nutzbringende Entwicklung patentieren lassen. Die schütteln Sie aber heute nicht so ohne Weiteres aus dem Ärmel, denn die Welt ist bereits voll von intelligenten Produkten.
- ➢ Wenn Sie glücklich sein wollen, dann sollten Sie sich sehr gut überlegen, ob Sie dieses Glück ausschließlich in der Karriere finden.
- ➢ Wenn Sie eine erfolgreiche und tolle Beziehung haben wollen, dann müssen Sie

viel Zeit darin investieren, Ihren Partner zu überraschen, Aufmerksamkeit zu zeigen und in den Augen und Regungen des Partners zu lesen, was ihn oder sie gerade beschäftigt und bewegt.

➢ Wenn Sie gesund sein und leben wollen, dann müssen Sie sich ausgewogen und angemessen ernähren, Sport treiben und Ihrem Körper auch einmal Ruhepausen gönnen.

Die Liste könnte unendlich erweitert werden. Alles, wirklich alles im Leben hat seinen Preis. Und der sollte uns bewusst sein. Ich bin mir bei Betrachtung der vielen hektisch umherreisenden Menschen nicht immer so sicher, ob hinter dieser geschäftlichen Betriebsamkeit ein Sinn steht. Einen Preis hat sie jedoch sicher: unsere Zeit. Denn vielfach opfern wir private Zeit für geschäftliche Reisen.

Unser Denken gilt viel zu oft der Verwendung unseres Geldes, das erneuerbar ist - und viel zu selten unserer Zeit, die nicht ersetzbar ist.

Rainer Gottschalk [4]

Persönliche Notizen

2. Erlebnispark Flughafen (I)

Kommen wir zurück zum Flughafen. Die S-Bahn hat inzwischen alle pünktlich am Bahnsteig unter dem Rollfeld ausgespuckt: den Schnarcher, den Zeitungsleser, den Präsentierer, den IT-Michel, die verträumten Beamten, Businesskasper und Touristen. Alle sind jetzt hier. In hastigen Schritten geht's nun in Richtung Abflugschalter. Den Bahnsteig entlang. Überholen, Ausweichen, Schimpfen. Beim ersten Treppenanstieg werden edle Anzugträger plötzlich zu olympischen Kandidaten. Drei Stufen auf einmal. Inklusive Gepäck natürlich. Sieht lustig aus. Die Krawatte kann dem Träger oft nur mühsam in horizontaler Stellung folgen. Rolltreppe. Engpass. Die ersten

Ellbogen kommen aus dem Versteck. Schnell noch dezent einen Hieb nach rechts um eine gute Ausgangslage auf dem Weg zum Schalter zu haben. Zeit ist schließlich knapp und wer wartet heute schon gerne? Die Rolltreppe bietet eine erste Gelegenheit einen kurzen Blick aufs Handy zu werfen. 04.50 Uhr. Verdammt, warum ruft mich keiner an? Egal. Ich wollte ja eh nur zeigen, welches Handy ich habe. Die Chancen auf der dicht bevölkerten Rolltreppe sind dazu auch nicht gerade schlecht …

Wir erreichen die Terminalebene. Hier herrscht Betriebsamkeit trotz der frühen Stunde. Lange Schlangen vor den Schaltern. Kofferwägen blockieren Durchgänge. Menschen, die auf dem Boden sitzen und Bücher lesen. Erinnert irgendwie ein bisschen an eine Demo.
Ein kurzer Blick auf die Abflugtafel. Mein Flug nach Mailand ist planmäßig aufgeführt. Terminal 1, Gate 121.
Ich kämpfe mich durch diesen Marktplatz der Reisenden und nehme Kurs auf die hinteren Bereiche des Terminals. Aus einer nicht auszumachenden Richtung kommt Kaffeeduft auf. Vermengt mit dem Geruch von frischen

Zeitungen und Druckerschwärze. Kurz darauf gesellt sich noch der teure Duft von edlen Parfüms amerikanischer Schauspieler und Topmodels dazu. Eine Mischung die das Gefühl von Freiheit und großer weiter Welt aufkommen lässt.

Wenn man Glück hat und kann per Handgepäck verreisen, dann geht's nun entweder zum elektronischen Check-In oder – wenn dank moderner Medien ein Online-Check-In möglich war – direkt zur Personenkontrolle. Aber egal wohin Sie gehen, Sie müssen mit Sicherheit anstehen. Anstehen bedeutet warten. Warten heißt untätig sein. Untätigkeit verursacht Ungeduld und diese wiederum führt zu Aggressionen. Beobachten Sie Menschen einmal, die anstehen und warten müssen bis sie eingecheckt haben oder kontrolliert werden. Nehmen Sie sich die Zeit in einem Cafe am Airport und Sie werden viel Freude haben. Hier kann man viel über Menschen, deren Charaktere und Verhaltensweisen lernen. Ich bin mir ziemlich sicher, dass viele Kunden – wenn sie hier ihre Geschäftspartner beobachten könnten – kein Interesse mehr an einem Besuch oder Gespräch hätten. Ich darf noch mal erinnern: alles im Leben hat seinen Preis. Reisen braucht Zeit. Basta. Nehmen Sie sich die Zeit (ändern können Sie ohnehin nichts) und genießen Sie die gewonnenen Minuten. Ihre Stimmung für den Tag wird's Ihnen danken.

Personenkontrolle. Mantel ausziehen. Jackett ablegen, Tasche öffnen. Persönliche Badutensilien, Rasierwasser und Shampoo-Fläschchen sind brav im transparenten Kunststoffbeutel verpackt. Alles wird in die vorgesehen Behälter gestopft und Richtung Scanner geschoben. Da ertönt plötzlich die tiefe Stimme eines Sicherheitsbeamten:

„Darf ich Sie fragen, ob Sie einen Computer dabei haben?"

„Hä. Ich?"

„Ja genau, Sie!"

„Jooo."

„Dann packen Sie ihn zur Kontrolle bitte aus und legen ihn auf ein separates Tablett, vielen Dank."

„Ich hab's eilig – mein Flug…"

„Mein Herr, bitte folgen Sie den Anweisungen des Personals."

„Wo sind wir hier eigentlich? Ich hab's eilig! Mein Flug geht gleich … "

„Entschuldigen Sie bitte die Unannehmlichkeiten, aber wir tun unseren Dienst zu Ihrer Sicherheit."

Hallo? SIE wollen ein ernstzunehmender Geschäftsmann sein? Respekt und Toleranz sind Merkmale die hier leider nicht zu finden sind. Das beginnt bereits beim mürrischen „Hä?". Früher hieß das einmal „Wie bitte?". Diese Menschen machen nur ihren Job. Wie Sie und ich. Uns passt das vielleicht nicht, aber benehmen wir uns auch so, wenn ein Geschäftspartner etwas tut oder sagt, was uns nicht passt? Komischerweise haben wir hier auf einmal enorm viel Verständnis und spektakuläres Maß an Toleranz.

WARUM?

Und wenn Sie morgens zu spät auf dem Flughafen ankommen, dann ist das in den allermeisten Fällen IHR Problem und nicht das der Belegschaft. Die Launen dann am Personal auszulassen (das nur Ihretwegen so früh aufgestanden ist und seinen Dienst angetreten hat) zeugt von wenig Toleranz und Respekt. Reisen braucht Zeit. Immer noch. Hätten Sie etwa Lust um 4 Uhr aufzustehen um anderen Menschen etwas zu ermöglichen von dem Sie selbst nichts haben und sich dafür auch noch eine Stunde später blöd anpöbeln zu lassen von irgendeinem dahergelaufenen hohlen Anzug, den Sie noch nie gesehen haben?

Wir wollen, dass man uns mit Respekt, Würde und Toleranz behandelt. Man nennt so etwas auch Wertschätzung. Warum benehmen wir uns dann gegenüber anderen nicht auch so? Ohne eine Putzfrau würde unser Büro im Nu ziemlich bescheiden aussehen (und der Flieger mit dem wir nachher unterwegs sein werden übrigens auch. Dazu später mehr). Warum nicht mal ein nettes Wort verlieren, wenn der Papierkorb gelehrt wird? Wir sind in erster Linie Menschen und erst dann Manager, Verkäufer, Mechaniker oder Reinigungsfachkraft.

Wir konzentrieren uns oft mehr auf das was wir sind anstatt auf das was wir tun sollten.

Rainer Gottschalk [5]

Schließlich ist die Kontrolle überstanden. Die Zeit reicht vielleicht sogar noch für einen teuren deutschen Kaffee mittlerer Qualität. Einigen, so erweckt es immer wieder den Anschein, dient dieser zur ersten Beruhigung des bereits Erlebten an diesem noch so jungen Tag. Anderen verleiht er die letzten Signale um den Körper endlich hochzubooten und für die kommende Mission startklar zu machen.

Aufgemuntert oder beruhigt vom ersten Kaffee des Tages geht's nun zum Gate. Hier spielen sich meist so interessante und lehrreiche Szenen ab, dass es sich lohnt, etwas näher darauf einzugehen.

2.1 Der Wichtigtuer

Nehmen wir einmal an es ist nun 05.20 Uhr. Die Maschine nach Barcelona ist bereits auf der Anzeigentafel aufgeführt. Abflug 06.10 Uhr. Voraussichtliches Boarding ab 05.50 Uhr. Sie haben also noch eine halbe Stunde Zeit. Ihre Zeit. Was tun Sie? Wenn Sie clever sind, dann nutzen Sie die Zeit um sich etwas auszuruhen oder die Zeitung weiterzulesen. Sie können gerne auch geschäftliche Dokumente studieren. Leider werden Sie sich bei beidem jedoch gar nicht so recht konzentrieren können. Denn fünf Plätze links von Ihnen sitzt der weltbeste Manager. Nur weil das im Abflugbereich noch niemand weiß, muss er das in den verbleibenden Minuten bis zum Boarding noch unter Beweis stellen. Am besten geht das mit dem Handy. Diejenigen, die auf der Rolltreppe den Blick auf sein Handy oder Touchphone versäumt haben, bekommen nun eine zweite Chance. Auffällig hektisches Bedienen sämtlicher Funktionen. Die Klingeltöne für eingehende Emails werden umgestellt. Leider ist erst der vorletzte der insgesamt 326 verfügbaren Klingeltöne der Richtige. Pech für den Abflugbereich. Der muss sich ob er will oder nicht alle 324 Töne anhören. 05.22 Uhr. Da nicht alle umgebenden Flugpassagiere auffallende Notiz vom weltbesten Manager genommen haben, beginnt nun Stufe zwei des persönlichen Vermarktungsprogrammes: Der Kontrollanruf im Büro. In 99% aller beobachteten Fälle folgt eine leise aber für alle unüberhörbare Schimpftirade weil die Assistentin noch nicht am Schreibtisch sitzt und keiner der Kollegen den Apparat übernommen hat. So eine Unverschämtheit. Kaum ist die Katze aus dem Haus, tanzen die Mäuse … (wer bitte sitzt unter normalen Umständen um diese Zeit schon am Schreibtisch?).

Ein ganz cooles Konzept hatte einmal ein Manager eines großen weltweit tätigen Automobilzulieferers. Nachdem im eben beschriebenen Zeitrahmen keiner seiner heimischen Kollegen mit ihm telefonieren wollte (oder konnte), rief er kurzerhand in einem chinesischen Zweigwerk an. Dank der Zeitzonenregelung und der außerordentlich motivierten Mitarbeiter dort, musste er auch nicht lange warten, bis sein werben erhört wurde.

Das folgende Gespräch ist ein bitterer Beweis menschlicher Dummheit getrieben vom Geltungsbedürfnis:

„Hello?"

"Hello, ähm… Ni hau. This is Manfred speaking from Germany."

Stille

"No, I'm Manfred Schäberle from Stuttgart."

Stille

"Oh, I'm sorry. I'm also working for the same company like you."

Stille

"Is Mr Wu over there?"

Stille

"No, Mr Ting Li Wu. I met him last year during an exhibition in Dubai."

Stille

"Ah – of course I understand. He is in a meeting. Ok. That's not a problem. I just wanted to tell him, I'm flying to Barcelona now. It might be of interest also for him."

Stille

"Oh no. Barcelona. That's somewhere in Spain."

Stille

"No, no. Spain is a beautiful nice country with a lot of good wine."

Stille

"Yes, good European wine."

Stille

"Oh no. We don't use rice for wine. We take … ahm … ahm (sticht seinen Nebensitzer an und fragt, was „Trauben" auf Englisch heißt) … we take grapes.

Stille
"Well, please say hello to Wu – I have to enter the plane now. Bye …"

Die Uhr zeigt 05.48. Peinlich berührt vom unüberhörbaren Geltungswahn sitzen die anderen Fluggäste in ihren Sitzen und sind gleichsam erleichtert als die Crew zum Boarding aufruft.
Der Informationsgehalt dieses Gespräches war nicht unbedingt sonderlich ergiebig und der

chinesische Gegenüber dürfte einigermaßen verwirrt und irritiert die restlichen Arbeitsstunden damit verbringen zu überlegen, wer hier wohl angerufen haben könnte und was die Botschaft des Telefonats gewesen sein könnte. Das Puzzlestück, dass ihm dabei fehlt, ist die einfache Tatsache, dass er herhalten musste um ein Gespräch im Abflugbereich zu installieren, das allen Mitreisenden unmissverständlich klar macht, dass diese Stuttgarter Zulieferfirma einen sehr, sehr wichtigen Mann nach Spanien schickt (wenn man es genauer untersuchen würde, würde man möglicherweise zu der charmanten Erkenntnis gelangen, dass er fortgeschickt wurde, damit die Kollegen mal einen Tag in Ruhe und konzentriert arbeiten können).

**Hohle Gefäße geben mehr Klang als gefüllte.
Ein Schwätzer ist meistens ein hohler Kopf.**

August von Platen [6]

2.2 Der Aufgabenverteiler

Wir sitzen wieder im Abflugbereich, diesmal zu einer etwas christlicheren Zeit. Es ist 08.30 Uhr. Das Boarding wurde soeben um wenige Minuten verschoben und man kann entzückt beobachten, wie viele Reisenden verzweifelt nach einer Beschäftigung suchen um die verbleibende Zeit zu überbrücken.

Plötzlich ertönt eine Bassstimme und es ist im ersten Moment nicht ersichtlich wem sie zugeordnet werden muss:

„Hallo Frau Mayer"

Stille

„Ja genau – ich wollte nur sagen, dass ich heute in Hamburg bin."

Stille

„Wenn's was Wichtiges gibt, rufen Sie mich bitte an. Sie haben ja Einblick in meine Mails und alle vertraulichen Angelegenheiten."

Stille

„… und denken sie bitte daran, den Monatsbericht fertig zu machen, die Budgetpräsentation für den Vorstand zu aktualisieren und den Vorschlag zur Gehaltserhöhung für Hr. Wagner an die HR weiterzuleiten."

Stille

„Ja, bin in Eile. Auf Wiedersehn."

Und nun? Diese Frau Mayer ist wohl ganz offensichtlich die Assistentin. Die kann man natürlich schon mal daran erinnern, dass man heute nicht da ist. Sehr wahrscheinlich hat sie den Termin heute sogar organisiert, den Flug gebucht und dreimal umgebucht bis alles zur Zufriedenheit des gnädigen Herrn verlief. So etwas vergisst man sicher schnell.

Die öffentliche Auflistung an Aufgaben ist ohnehin ein sehr beliebtes Spiel am Flughafen. Es demonstriert Macht und Wichtigkeit und hinterlässt ganz nebenbei noch einen pikant geschäftlichen Eindruck. Ich bin natürlich entzückt und beeindruckt.

Und dann ist da noch die Sache mit der Gehaltserhöhung. Den Namen des Betroffenen in aller Öffentlichkeit zu platzieren zeugt nicht gerade von wahnsinnig viel Masse im Hirn. Vom Respekt gegenüber dem Betroffenen einmal ganz zu schweigen. Nennen Sie das einen vertraulichen Umgang mit Daten? Als Mitreisender darf man sich da schon einmal die Frage durch den Kopf gehenlassen, inwieweit wir so einer Figur überhaupt unsere vertraulichen Projektdaten überlassen sollen.

2.3 Der Zeitungssammler

Ein sehr beliebtes Verhalten, man könnte es fast eine sportliche Disziplin nennen (aber damit würde man dem Sport Unrecht tun) ist das Sammeln sämtlicher verfügbarer Zeitungen. Natürlich nur der kostenlosen Ausgaben.

Da kommen die Reisenden halbangezogen aus dem Sicherheitsbereich gehetzt, den Rechner in der einen Hand, das Köfferchen in der anderen, die Besprechungsunterlagen krampfhaft zwischen die Zähne geklemmt und haben nichts besseres zu tun als erst einmal den Zeitungsständer der Fluggesellschaft zu stürmen. Kostet ja nix. Und plötzlich tun sich Öffnungen am Körper auf, die mühelos Financial Times, Die Welt, eine Lokalzeitung und natürlich die Bild aufnehmen können.

Ich bin fasziniert. Wann lesen die das? Wann? Wenn man ihnen die Zeitung nun abnehmen würde, hätten sie wahrscheinlich die Mehrheit an Bildung und Verstand verloren. Mit einem Handgriff. Ohne Zeitung scheint sich manch einer nicht zu trauen eine Meinung zu tagesaktuellen Themen abzugeben. Mit einem schicken Papier in der Hand sieht die Sache schon anders aus. Warum? Weil man ablesen kann. Das nennt man externe Bildung. Outsourcing kann man also auch übertreiben.

2.4 Der Lästerer

Ebenfalls amüsant und mit hohem Peinlichkeitsfaktor behaftet, ist das weithin vernehmbare Diskutieren über nicht anwesende Personen. Vornehmlich Kollegen. Der Volksmund sagt „Lästern" dazu. Vor allem beliebt, wenn mehrere Kollegen zusammen reisen.

Ich erinnere mich an einen Flug von Bologna nach Amsterdam. Zugegeben, man erwartet als deutsche Geschäftsreisegruppe zu morgendlicher Stunde in Bologna nicht unbedingt viele deutsche Reisende. Vor allem auch weil der Flug nicht nach Deutschland führt. Offensichtlich bestärkt durch das scheinbar anonyme Verweilen im Ausland begann eine Diskussion um einen Kollegen, dessen private Ausschweifungen, die gesellschaftliche Untauglichkeit und die fehlende Wertschätzung gegenüber anderen Kollegen. Soweit noch in gewisser Weise nachvollziehbar. Manchmal muss man über solche Dinge reden. Erschreckend dagegen waren die Art und Weise, die verwendeten Ausdrücke und Schimpftiraden sowie ein deutlich erkennbares Verachten und Missachten jener Person. Mit jeder Minute wurde das Gespräch brutaler und die Stimmung gereizter. Man redete sich in einen richtigen Rausch. Diese im Mittelpunkt der Diskussion stehende Person hätte in der Zwischenzeit allen erdenklichen Grund gehabt, sich in gleicher Weise über die drei Kollegen zu äußern. Dass diese drei bzw. vier Personen alle in der gleichen Firma arbeiten, sagt bereits einiges über die Firma, deren Kultur und Leitbild. Falls überhaupt vorhanden. Diese Personen muss ich nicht zwingend in meinem Kundenkreis haben.

2.5   Der Unverschämte

Richtig interessant wird die Lage aber erst dann, wenn das arme, an der Situation völlig unschuldige Bodenpersonal bekannt geben muss, dass der Flug sich um eine Stunde verspätet. Ha. Jetzt geht die Post ab. Ein Tipp: Lehnen sie sich in solchen Situationen am besten zurück und genießen sie alles. Auch wenn Sie verärgert sein sollten. Auch hier können Sie ja wieder einmal nichts ändern – aber eine Menge lernen!

Der Schalter wird gestürmt von finster blickenden Geschäftsleuten.   Seriöse   Geschäftsleute natürlich.   Der   Kragen   am   Mantel   wird hochgeklappt. Das gefährliche Funkeln in den Augen steigt im Quadrat zur gefühlten Wichtigkeit. Herrlich. Die bemüht freundlich blickende junge Dame am Schalter geht nun durch die Hölle.

… „Sie wissen gar nicht, welche Geschäfte mir nun entgehen."

… „Kann man sich auf Euch denn gar nicht mehr verlassen?"

… „Ich, ich werde veranlassen, dass Sie die Kosten für das geplatzte Projekt tragen."

… „Wenn ich meinen Anschlussflug verpasse, dann werde ich mich beim Vorstand über Sie beschweren."

… „Ich will mein Geld zurück!"

… „Bitte geben Sie mir sofort Ihren Vorgesetzen, damit ich ein klärendes Wort sprechen kann."

Fäuste werden auf den Tisch geklopft, Notebooks heftig zugeklappt, Taschen weggepfeffert und eine Menge wilder Flüche und Wutausbrüche in die Umgebungsluft der Abflughalle eingekippt.

Es ist interessant zu beobachten, dass die am nächsten verfügbare Person in die Opferrolle gedrängt wird. Die arme Dame am Schalter, die lediglich einer Anweisung folgt und –getrieben vom Servicegedanken – die Kunden informiert. Spricht erneut für die unfassbare Kurzsichtigkeit vieler Menschen. Und das sind unsere Führungskräfte, die morgen wieder sachlich, neutral und mit Respekt gegenüber den anvertrauten Mitarbeitern ihren Dienst versehen...

Wenn das Flugzeug noch nicht da ist, dann ist es eben nicht da. Basta. Was kann die Dame am Schalter dafür? Wenn die Maschine noch kurz gereinigt wird, dann braucht das eben Zeit. Basta. Hätten die Vorgänger die Maschine sauber hinterlassen, würde vermutlich weniger Zeit in Anspruch genommen werden müssen zur Reinigung. Ansonsten käme das Gemecker eben etwas später, wenn man eine ungepflegte

Maschine besteigt und seinen Sitz erst einmal vom Müll des Vorgängers befreien muss. Gönnen Sie sich mal den Luxus eines Inlandsfluges in den USA. Sie werden staunen, wie Sie Ihren Sitz vorfinden.

Und wenn das Flugzeug defekt ist, dann ist es eben defekt. Basta. Natürlich ist das ärgerlich. Aber haben Sie wirklich Lust in eine Maschine zu steigen, in der das Höhenleitwerk nicht funktioniert? Ist Ihnen Ihr Leben oder das Projekt wichtiger? Alles im Leben hat seinen Preis. Wenn Sie in einer kaputten Maschine fliegen möchten, dann müssen Sie eben auch den Preis dafür in Kauf nehmen. Ganz einfach.

Persönliche Notizen

3. Über den Wolken

Endlich blinken die grünen Lämpchen über dem Abflugschalter. Die Bodencrew ergreift das Mikro: „Verehrte Fluggäste, Ihr Flug LH 3194 nach Mailand ist nun für Sie zum Einsteigen bereit. Wir bitten Sie die Ausweise und Bordkarten bereitzuhalten und alle elektronischen Geräte auszuschalten. Wir wünschen Ihnen einen angenehmen Flug."

Es geht los. Hurra.

Im gleichen Hurra wird der Scanner an der Durchgangstür gestürmt. Das Bodenpersonal kommt kaum nach, die Tickets zu scannen oder abzureißen. Offensichtlich kann es die Menschheit nicht erwarten endlich abzuhauen. Egal wohin. Einfach nur weg. Eine Flucht aus dem Chaos unseres Lebens? Aber wohin?

Wenn Sie Glück haben, dann führt die Gangway direkt in den Flieger und das Boarding verläuft vergleichsweise reibungslos. Ein paar Rempeleien beim Befüllen der Gepäckfächer über Ihnen ausgenommen. Ein spitzer Ellbogen hilft hier aber ungemein weiter und ebenso ein ahnungslos fragender Blick bei Beschwerden. Wir sind ja international unterwegs und im Zweifelsfall verstehen Sie die schimpfende Person eben nicht.

Wesentlich lustiger geht es zu, wenn die Maschine irgendwo auf dem Rollfeld steht, weil das Kerosin nicht mehr bis zum Gate reichte oder aus welchen Gründen auch sonst immer. Dann kommt der Bus.
Die ersten Gäste, die den Bus betreten sichern sich instinktiv die besten Plätze: direkt neben der Tür. Das hat den Vorteil, dass man beim Öffnen der Türen sofort den Flieger stürmen kann. Irgendwie erinnert das an alte GSG 9-Zeiten. Ich habe allerdings noch nie erlebt, dass die

Maschine davonflog und Passagiere auf dem Rollfeld zurückließ. Gehen Sie also davon aus, dass auch Sie mitgenommen werden. Und Sie haben eine Sicherheit: einen festen Sitzplatz. Sie gehen ja schließlich nicht mit der Deutschen Bahn auf Reisen.

Das mit dem Sitzplatz war allerdings nicht immer so. Ich erinnere mich an einen Flug im Jahr 2005 mit Germanwings. Billigflieger oder Low Cost Carrier in Fachkreisen. Damals gab es bei Germanwings freie Platzwahl. Selbstverständlich wurden nie mehr Tickets verkauft als Sitzplätze vorhanden waren (ich erinnere nochmals an die Deutsche Bahn) aber die Platzwahl erfolgte nach dem Zufallsprinzip.
Der Flug nach Wien war soeben aufgerufen worden und wir wurden sachgerecht in einen Bus gestapelt. Die Sonne ging gerade über dem Rollfeld auf und warf ein wunderbares Licht auf die Flugplatzflächen. Der Himmel färbte sich innerhalb von Minuten von grau über rosa, rot, orange nach hellblau. Die Sonnenstrahlen erfassten den Bus und die Stimmung stieg merklich. Der Bus zog seine Kurven über das Rollfeld. Vorbei an Urlaubsmaschinen aus denen

sonnengebräunte Strohhutträger kletterten und kleineren Zubringermaschinen, die gerade fachkundig beladen wurden. Da stand sie: unsere A319. Der silberne Rumpf glänzte im morgendlichen Sonnenlicht und die gelbe Heckflosse ragte majestätisch in den blauen Himmel. Irgendwie muss die Stimmung einen ganz besonders stimulierenden Einfluss auf einige Geschäftsreisende gehabt haben, denn was sich nun abspielte war einfach nur unfassbar: Die Tür des Busses öffnete sich gleich einer Schleuse am Stausee. Unkontrollierbare Vorgänge nahmen seinen Lauf. Die Keilerei um einen Fensterplatz begann. Herrlich und frustrierend zugleich. Erwachsene Leute mit Krawatte und teuren Samsonite Aktenkoffern an vorderster Front. Ellbogen, Kofferkanten, Regenschirme und sonstige Rempeleien. Fauchen und unterdrückte Schmerzensschreie. Alles war dabei was die Schublade an Gemeinheiten ebenso beinhaltet. Ich sah Touristen, die sich ungläubig die Augen rieben. Auch ich war etwas irritiert. Natürlich ist ein Fensterplatz eine feine Sache, vor allem wenn die Sonne scheint. Aber um diesen Preis? Ich behaupte nicht, ein feiner Pinkel zu sein, aber etwas Würde, Anstand und Respekt wären auch hier angebracht. Vor allem, weil inmitten dieser Schlacht auch eine junge Mutter mit ihrem Kind samt Kinderwagen hilflos und verloren dastand. Ein älterer Mann (offensichtlich Rentner) half ihr später dabei das Flugzeug zu besteigen.

Ich muss noch anfügen, dass ich einen dieser an vorderster Front kämpfenden Anzugträger drei Stunden später auf meinem Kongress wieder getroffen habe. Er hielt dort einen Vortrag. Ein wirklich seriöser und kompetenter Geschäftsmann. Weltoffen und zielorientiert. Irgendwie hat mich aber weder Vortrag noch Redner groß begeistert. Komisch, oder?

Zurück zu meinem Flug nach Mailand. Das Gepäck ist verstaut und ich habe meinen Sitzplatz eingenommen. Ein großer Schritt. Nun kann es losgehen.
Wir sitzen erschöpft von den bisherigen Erlebnissen brav zusammengefaltet auf unseren Plätzen. Die Klimaanlage bläst uns die vertraut klebrige Luft ins Gesicht, angereichter mit kerosinhaltigen Partikeln. Die Stewardess beginnt mit dem Sicherheitsballett. Routinemäßig packe

ich meinen MP3-Player aus und verkabele meine Ohrmuscheln. Die ersten schlafen bereits. Mütter versuchen verzweifelt ihre beunruhigten Kinder zu versorgen. Der erste Offizier erklärt die Flugroute und freut sich, dass das Wetter über den Wolken besser sein würde als am Ankunftsort. Ein unüberhörbares Brummen verrät, dass die Triebwerke ihren Dienst beginnen. Ein leichter Ruck, die Maschine rollt lautlos nach hinten und wird in Position gebracht. Ein schönes Gefühl. Die Stewardess kommt und nimmt meine Ohrstöpsel raus. "Please switch off all electronic device during takeoff and landing". Ich nicke freundlich und denke mir meinen Teil. Die macht ja auch nur Ihren Dienst. Die Stewardess geht und der Ohrstöpsel wandert zurück in die Ohrmuschel. Ich lehne mich zurück und verfolge interessiert, wie die Maschine zur Startbahn rollt. Vorbei an den anderen Maschinen, vorbei an Urlaubsfliegern. Das Bodenpersonal wuselt wie ein Ameisenvolk wild aber dennoch unglaublich koordiniert über das Flugfeld. Wie machen die das? Bei uns in der Firma arbeiten halb so viele und es geht nicht annähernd so geordnet zu. Kein lustiger Job. Extrem zeitgebunden. Dennoch winken einzelne

Arbeiter lächelnd den Maschinen zu. Ein Gruß an die Welt.

Wir rollen weiter, vorbei an den Business Jets. Vor einem Learjet steht eine schwarze Limousine mit getönten Scheiben. Nicht schlecht. Irgendwie hat der den Dreh wohl raus, denke ich. Was mag das für ein Leben sein? Meine Gedanken konstruieren sein Leben und kurzfristig kommen Neidgedanken auf. Aber dann denke ich wieder daran, dass er dafür wohl hart und lang arbeiten muss. Vielleicht keine Freizeit hat. Kein glückliches Familienleben. Nur aus Koffern lebt, weil er im Nadelstreifenanzug um die ganze Welt jettet. Jede Nacht ein neues Bett. Hotels rund um den Globus bieten zwar für jene Gesellschaftsschicht ein perfektes Ambiente und nahezu jeden erdenklichen Service, aber es ersetzt nie das Gefühl zu Hause zu sein. Der Nadelstreifen steigt in den Flieger und wir rollen weiter. Noch 200 Meter. Rechts neben uns setzt gerade eine Maschine aus Portugal zur Landung an. Rauch steigt auf, als die Räder den Boden berühren.

Im Flieger wird es ruhiger. Kein Handyklingeln mehr, keine Lautsprecherdurchsagen. Offensichtlich beginnt nun das Aufarbeiten und Auswerten der Zeitungsbeute. Leises Rascheln in fast allen Reihen. Seite um Seite. Zeitung um Zeitung. Ich liebe diese Phase des Fluges, denn nun wird es ruhiger und man kommt etwas zur Besinnung.

Celine Dion säuselt gerade mit ihrer weichen Stimme ins Mikrofon als die Maschine Fahrt aufnimmt. Die Triebwerke jaulen irgendwo hinter Celines imaginärer Bühne. Ich werde sanft in den Sitz gedrückt. Wir rauschen an der Maschine mit dem Nadelstreifen vorbei und ich sehe gerade noch, wie die Türen dort geschlossen werden. Langsam hebt sich die Nase unserer B373 in die Luft. Ein kurzes Schaukeln. Die Thermik greift. Wir fliegen. Das Terminal unter uns erscheint auf einmal ziemlich übersichtlich. Die parkenden Flugzeuge, das winkende Bodenpersonal, alles wirkt plötzlich ganz klein und unbedeutend.

Die Zeitungsleser gehen eifrig ihrer Beschäftigung nach und saugen jedes Wort aus den Seiten. Ganz konzentriert. Kein Blick zur Seite, kein Blick nach draußen, keine Reaktion. Ob die wohl schon gemerkt haben, dass wir fliegen?

Unsere Boeing taucht in ein großes weißes Wolkenkissen. Nebelfetzen fliegen am Fenster vorbei. Schemenhaft ist die Stadt unter uns noch zu sehen. Die Autobahn, das Zentrum, der Marktplatz. Überall wuseln die Menschen eifrig über den Planeten, getrieben von irgendwelchen Plänen die sie gerade verfolgen. Dort unten ist Lärm, Verkehr, Hektik und Zeitdruck. Wie schön ist es doch, jetzt gerade hier sitzen zu dürfen. Keine Hektik, keine lauten Stimmen, die sich profilieren müssen. Nichts. Nur das leise Surren der Triebwerke irgendwo zwischen den Noten von Celine Dion. Herrlich. Die Maschine taucht aus den Wolken auf und fliegt der Sonne entgegen. Strahlend blauer Himmel, unter uns ein gigantisch großes Wolkenmeer. Die Sonne kitzelt meine Nasenspitze und ich spüre wie gute Laune aufkommt. Warme Strahlen. Ich schließe die Augen, genieße die Ruhe, die Sonne und entspanne mich.

Das Anschnallzeichen erlischt und die forsche Stimme der Stewardess zerreißt die Stille. „Da

jederzeit Turbulenzen auftreten können, bitten wir Sie zu Ihrer eigenen Sicherheit während des gesamten Fluges angeschnallt zu bleiben."
Mit dem Erlöschen des Anschnallzeichens verliert auch die Zeitung ihre Daseinsberechtigung. Hektisch werden die Blätter zusammengefaltet und in die Ablage am Vordersitz gestopft. Hunderte von informativen Seiten, die eben noch hunderte von Passagieren gefesselt und in ihren Bann gezogen haben werden in Sekunden zu Altpapier. Wertlos. Eben noch wichtig und gebraucht – jetzt schon nutzlos und überflüssig. Wie im Berufsleben. Heute wichtig, morgen schon auf der Straße. Das Leben kann schon grausam sein.

Mit dem Erlöschen des Anschnallzeichens beginnt aber auch ein Aktionismus der seinesgleichen sucht. Schlagartig entladen sich, in den schlaff im Sitz hängenden Körpern, muskuläre Spannungen die während der ruhigen Startphase offensichtlich aufgebaut wurden. In beeindruckender Sprungtechnik und eleganter Körperbeherrschung hüpfen die feinen Herren mit Ihren Krawatten und Sakkos nach oben, reißen Gepäckfächer auf, verschwinden mit dem Kopf tief in Ihren

Taschen und lassen sich wie nasse Säcke anschließend wieder auf den Sitz plumpsen. Auf dem Schoß liegt auf einmal – Simsalabim – ein Notebook. Jeder halbwegs begabte Magier hätte sicher seine Freude daran.

Aus meiner jahrelangen Reiseerfahrung weiß ich inzwischen, dass es sich hierbei um einen internen Wettkampf handelt. Ein Ritual das eingefleischte Vielflieger erschaffen haben um sich körperlich fit zu halten. Der Sieger – das ist derjenige, der als erster wieder sitzt – bekommt von den anderen ein anerkennendes Lächeln.

Ruhm und Ruhe sind Dinge, die nicht zusammen wohnen können.

Chinesische Weisheit

Die Ruhe ist nun erst mal dahin. Hinten klappert die Stewardess mit Kaffeekannen, Snacks und diversen Kaltgetränken. Aus den Sitzreihen ertönt nach und nach eine Windows-Melodie nach der anderen. Das ganze bunte Portfolio an Bill Gates' Vertonungen. Einfältige und kreative. Kurze und etwas längere. Bürofeeling kommt auf. Die Menschen scheinen sich wieder gebraucht und wertvoll zu fühlen. Irgendwie scheint es so, als ob das Gefühl zu existieren an diese verdammte Kiste gekoppelt wäre. Die Menschheit ist bescheuert. Geistig abwesend und völlig fokussiert wird jede Bewegung in der Kiste verfolgt. Die ganze Welt auf dem Schoß. e-Mails, Internet, ein letzter Blick auf die Präsentation die gleich kommt, oder ein Blick in den Kalender um zu sehen, was ich heute überhaupt tun werde … alles ist möglich. Und wenn alles erledigt ist, dann werden Spiele geladen. Hauptsache die Kiste ist an und lenkt ab. Der Mensch hat ganz offensichtlich verlernt sich selbst zu beschäftigen, sich mit sich selbst zu beschäftigen und nachzudenken. Ganze Industrien sind entstanden aus dem Wunsch beschäftigt zu werden. Von früh morgens bis spät abends gibt's Unterhaltung – praktisch rund um die Uhr. Fernseher, Internet, Kurse, Veranstaltungen, Sportstudios, Partys, Events, Netzwerktreffen und, und, und. Alle diese Dinge und Einrichtungen sind sicherlich gut und zu einem integrativen Zweck ins Leben gerufen worden. Aber man darf sich schon die Frage stellen, ob denn wirklich alles sein muss. Wo bleibt meine Zeit? Zeit für die Familie, den Partner? Zeit für Erholung? Was ist der Preis dafür, dass ich überall dabei sein und mitmachen muss? Die Zeit! Wir beklagen immer, dass die Zeit so schnell vergeht, dabei sind wir es, die die Zeit rasch verfliegen lassen. Weil wir uns keine Zeit zum Genießen gönnen!

**Ohne ihn war nichts zu machen,
keine Stunde hat er frei.
Schließlich, als sie ihn begruben,
war er endlich auch dabei.**

Wilhelm Busch [7]

Wir haben alle jeden Tag die gleiche Zeit. Es ist also nicht die Zeit selbst, sondern die Prioritäten sind der Schlüssel zum Erfolg.

Das Arbeitsleben gleicht einem Marathon der über viele Jahre andauern wird. Dessen müssen wir uns bewusst sein und unsere Kräfte entsprechend einteilen. Viele verheizen ihre Energie und Leistung wie bei einem 100-Meter Lauf. Kein normaler Motor wird wochenlang mit

Vollgas über die Straßen gejagt. Kein Handwerker kann auf Dauer schwere, körperlich stark beanspruchende Lasten tragen.

Wie setzen wir unsere Prioritäten, um unsere Energie einzuteilen?

Der Körper sendet bei 10 dB permanent Warnsignale aus. Das Geschäftsleben dröhnt mit 100 dB auf uns ein. So wird unser Körper zur Müllkippe für Fraß, Emotion und Stress.

„Im Fluss" zu sein ist wichtig. Arbeit und Gelassenheit im Gleichgewicht. In einem gesunden Körper wohnt ein gesunder Geist. Wenn ich innerlich (Seele) verspannt bin, kann äußerlich (Körper) keine Entspannung erfolgen. Da kann noch so viel massiert und geknetet werden.

[Ziele und Prioritäten]

Ziele sind etwas Wesentliches im Leben. Eigentlich sogar etwas sehr Wichtiges. Sie geben uns Orientierung, verleihen dem Sein einen Sinn und fordern uns weil sie uns immer wieder vor Probleme und Herausforderungen stellen. Ziele haben Macht. Sobald wir uns sehr intensiv mit einem Ziel beschäftigen, dann beginnt sich der Nebel zu lichten. Wir finden Wege zur Realisierung und beginnen Aktivitäten. Wenn wir ein Ziel aber nicht zu einhundert Prozent verfolgen, weil wir nicht dahinter stehen, dann ist es eher eine Anleitung zum Schiffbruch.

Recht einfach kann sich hier jeder selbst prüfen, indem er seine täglichen Aktivitäten, Ziele und Handlungen auf den Prüfstand stellt:

- ➢ *Wenn Sie wirklich abnehmen wollen, wirklich tief und fest gewillt sind, dann schaffen Sie es. Das gleiche gilt beispielsweise auch fürs Rauchen.*
- ➢ *Wenn Sie wirklich um jeden Preis mit dem Fahrrad die Alpen überqueren wollen, dann finden Sie einen Weg das zu tun.*

> ➢ *Wenn Sie wirklich Ihre Beziehung pflegen und schützen möchten, dann werden Sie Wege dazu finden Ihr Verhalten entsprechend anzupassen.*

Es gibt aber auch Ziele die sind fremdbestimmt. Bei der Arbeit. Bedingungen der Banken. Wie gehen wir damit um? Wir wollen sie nicht, müssen sie aber akzeptieren. Mit welcher Intension gehen wir hier an die Arbeit?
Wie gehen wir mit Dingen um, die unser Chef uns aufbürdet?

Wichtiger als Ziele zu haben ist aber die Gewichtung derselben. Wir alle haben gerade genug um die Ohren. Alle klagen darüber keine Zeit zu haben. Falsch. Wir haben alle die gleiche Zeit. Rund um den Globus. Aber wir unterscheiden uns darin, wie wir mit dieser Zeit umgehen. Prioritäten setzen. Was ist wichtig, was weniger und was gar nicht? Hier liegt der Schlüssel zum Erfolg. Viele Menschen arbeiten Aufgabe für Aufgabe, Ziel für Ziel einfach stur ab. Aber nur wenige überlegen, was wichtig und unwichtig ist.

Think about

    ✓ Was ist mir wichtig?

    ✓ Wie priorisiere ich meine Themen?

    ✓ Wie reagiere ich, wenn zu viel auf mich einstürmt oder wenn zu viel von mir gefordert wird?

    ✓ Gehe ich jeder gestellten Aufgabe umgehend nach? Warum?

✓ Wie stehe ich zu einer Aufgabe, deren Zeit und Aufwand ich nicht kenne?

✓ Warum meine ich immer und überall dabei sein zu müssen?

✓ Wie soll mein (Arbeits-)Leben aussehen und was tue ich dafür?

✓ *In welchem Verhältnis steht die von mir geforderte Aufgabe mit der Erreichung meiner Ergebnisse / Ziele?*

Persönliche Notizen

Die Stewardess erscheint. Service. Ein bisschen Menschlichkeit und Aufmerksamkeit zwischen all diesen Plastikkisten, die das Leben der Menschen aufrecht erhalten. Ein Schluck zu trinken, eine kleine Geste, die uns das Leben an Bord angenehmer machen soll.

„Was darf ich Ihnen zu trinken anbieten?" Da gibt's doch tatsächlich Typen, die heben noch nicht einmal den Kopf sondern brummeln irgendwas von Kaffee und Wasser und starren gefesselt und gebannt auf die Mattscheibe. Idioten. Wenn man mit Euch so umgeht, dann macht Ihr das größte Theater. Vorhin konntet Ihr Euch kaum einkriegen in der kreativen Entwicklung von Möglichkeiten um in der Abflughalle auf Euch aufmerksam zu machen. Nun interessiert sich hier jemand für Euch, der etwas Gutes tun will – und die Reaktion? Freundlichkeit ist steuerfrei!!!

**Aufmerksamkeit ist für Menschen,
was der Dünger für Pflanzen ist.**

Autor unbekannt

Ich habe mir schon oft Gedanken darüber gemacht. Es ist beachtlich wie dieser Berufsstand immer wieder frisch motiviert zum Service erscheint obwohl die Wertschätzung ihrer Arbeit völlig fehlt. Wollten Sie einen Job machen, den kein Mensch würdigt? Für den sich scheinbar niemand interessiert? Woher würden Sie die Motivation nehmen, immer wieder etwas zu tun das augenscheinlich niemand braucht? Zum menschlichen Miteinander gehört nun einfach einmal die Wertschätzung. Ein kurzer Blick, ein freundliches Nicken, ein ehrliches „Danke". Im Umgang mit Menschen ist die Freundlichkeit das Öl, das die Maschine lautlos laufen lässt. Aber die Reaktion und das Verhalten mancher Passagiere ist ein weiterer Beweis der sachlich kühlen und themenorientierten deutschen Verhaltensweise.

Die Maschine bahnt sich ihren Weg durch den Äther. Die Stewardess hat sich zurückgezogen und räumt die Bordküche auf. Die Passagiere schlafen, dösen, lesen, blicken entspannt aus den Fenstern oder halten engen Kontakt zum Schrittmacher des menschlichen Daseins: dem Notebook.

Wirtschaftstouristen wie ich genießen mitunter lange Flugreisen. Man hat Zeit zur Ruhe zu kommen und über einige der unlösbaren Rätsel des Lebens nachzusinnen. Ich bekenne, dass meine besten Einfälle, Gedanken und Entscheidungen über berufliche, private oder persönliche Angelegenheiten fast immer in 10.000 Meter Höhe geboren wurden. Hier hat man wirklich einmal Zeit und Ruhe nachzudenken. In der Arbeitswelt hat man die Zeit nicht (auch wenn man sie sich manchmal besser nehmen sollte) und zu Hause nimmt man sich die Zeit nicht, aber hier oben ist das wunderbar. Üblicherweise ist es verhältnismäßig ruhig und die Gedanken können ohne große Ablenkung mal einen Weg bis zu Ende gehen. Wie ein Sudoku-Spiel. Alle Felder betrachten, die Zusammenhänge erkennen, eine ganzheitliche Lösung finden. Dies ist auch der Zeitpunkt wo ich immer ein leeres Blatt Papier und einen Stift brauche, denn diese oftmals genialen Einfälle müssen sofort festgehalten werden. Der Stress kommt schnell genug zurück und mit seiner Ankunft gehen die wertvollen Gedanken wieder irgendwo ins Nirwana. Aber irgendwie scheine ich hier eine Ausnahme zu sein. Die Mehrheit der

Passagiere hängt noch immer an der lebenserhaltenden Kunststoffbox. Geistige Dialyse. Gedanken reinhacken in die Kiste, Hokuspokus, modifizierte Gedanken wieder raus aus der Kiste und rein in den Schädel. Stundenlang. Bei dieser heiter anzusehenden Prozedur geht ganz offensichtlich auch der gesunde Menschenverstand verlustig. Ich sehe immer mehr Passagiere die vertrauliche Dokumente lesen, erstellen oder bearbeiten. Einfach so. Als wären sie ganz allein auf der Welt. Dass nur 30 cm daneben der nächste Passagier sitzt wird einfach ignoriert. Ausgeblendet.

**Nichts tun ist besser,
als mit viel Mühe nichts schaffen.**

Lao Tse [8]

Ich erinnere mich an einen Flug nach Stockholm. Neben mir saß ein völlig unscheinbarer Mann. Offensichtlich geschäftlich unterwegs. Keine besonderen Verhaltensweisen, unauffällig beim Warten auf den Flieger, beim Start und den ersten Flugminuten. Keine Beteiligung am Sky-

Jumper Wettbewerb um die begehrte „ich-hab-das-Notebook-zuerst-Trophäe". Nichts.

Dann klappt er sein Notebook auf und öffnet gemächlich eine Präsentation. Ich traue meinen Augen nicht. Oben rechts schimmerte dick und fett ein weithin sichtbares „CONFIDENTIAL". Ich gehe inzwischen davon aus, dass er dieses Wort einfach nicht verstanden hat. Was bitte hat ein vertrauliches Dokument in einem Flieger zu suchen? Der Sitzabstand beträgt gefühlte 30 cm in alle Richtungen. Lediglich in einer Tunfisch-dose ist die Dichte höher. Was sich mir im Folgenden zur Ansicht bot, war höchst interessant. Eine Portfolioanalyse eines Produktmanagers der offensichtlich für einen großen renommierten Schweizer Lebensmittelhersteller tätig war. Mit allen Produkten, deren Vorzügen und Schwächen. Inklusive Portfoliolücken, Wettbewerbs-produkten, Vergleichsanalysen zu Markt-begleitern und preislicher Indikation sowie einer Einschätzung der Wettbewerber, deren Stärken, strategische Ausrichtung, Zielmärkte und noch vieles mehr. Ich war hellauf begeistert. Mein Business hat zwar mit Milchprodukten nichts zu tun, aber es war sehr interessant diese Zahlen zu lesen und die Analysen zu begutachten. Obwohl das Wort „Vertrauliche" fett und Rot über dem Dokument stand schien es diesen Mann nicht zu stören, dass mein anfänglich ängstlich verstohlener Blick mehr und mehr direkt in den Bann seines Bildschirms gezogen wurde.

[Vertrauen]

Würden Sie einem Kunden nochmals vertrauliche Daten an die Hand geben, wenn Sie einmal eine solche Erfahrung gemacht hätten oder Ihnen ein solch laxes Verhalten zu Ohren kommen würde?

Vertrauen sichert Erfolg. Vertrauen zwischen Menschen ist kein Geschenk sondern hängt von klaren und eindeutigen Faktoren ab.

Vertrauen dient als Maßstab für die Qualität einer Beziehung – zwischen Menschen, Gruppierungen, Vereinen und auch Unternehmen. In absolut vorhersehbaren Situationen stellt sich die Vertrauensfrage gar nicht. Wenn Sie genau wissen, womit Sie rechnen können, ist eine Ermessensentscheidung nicht notwendig. Die mit Outsourcing, Fusionen, Personalabbau und geänderten Geschäftsmodellen einhergehenden Veränderungen bereiten jedoch den Boden für Misstrauen! Mitarbeiter oder Führungskräfte, die in einem derartigen Umfeld agieren, müssen durch ihr Verhalten klare Gründe liefern können, um ihnen zu vertrauen.

Vertrauen aufzubauen dauert oft Jahre und ist mit Mühe, Kosten und Aufwand verbunden. Zerstören kann man es jedoch in Sekunden!

Think about

- ✓ Wie gehen Sie mit den Ihnen anvertrauten geheimen Daten und Informationen Ihres Unternehmens um?

- ✓ Wie gehen Sie mit den gleichen Daten aus Ihrem Kundenkreis um?

- ✓ Ist es unbedingt notwendig, solche Dokumente in einer solchen Umgebung zu lesen und was wären mögliche Konsequenzen?

✓ Ist Ihr Selbstwertgefühl oder öffentliches Geltungsbedürfnis abhängig von solchen Schriftstücken?

✓ Was würden Sie tun, wenn mit Ihren Daten so umgegangen wird?

Tipp: Wenn Sie diese Daten schon unbedingt einsehen müssen oder wollen, dann kennzeichnen Sie diese nicht als „vertraulich". Damit verliert die Neugier automatisch ihren Reiz!

Persönliche Notizen

Leider (?) war ich zu ehrlich um aus diesem geballten Milchwissen Kapital zu schlagen. Es hätte sich garantiert ein faszinierter Abnehmer für diese Informationen gefunden. Für eine angemessene Honorierung hätte ich hier viele Dinge weitergeben können. Das hätte den Interessenten vermutlich vergleichsweise wenig gekostet, aber eine Menge eingebracht, wenn man bedenkt wie aufwändig und teuer heute Markt und Wettbewerb analysiert werden. Es gibt sogar Unternehmen, die kennen den Wettbewerb besser als sich selbst. Vor lauter Angst, die anderen könnten einen unbeobachteten Schachzug machen, werden ganze Bereiche mit der Kontrolle und Auswertung von Wettbewerb und Wettbewerbsprodukten beschäftigt. Kennen Sie die Folgen? Sie werden automatisch zum „me-too-Anbieter". Der Wettbewerb hat etwas und Sie machen es nach. Ganz einfach, aber ziemlich dumm. Damit gehen Sie automatisch in die Verfolgerrolle. Sie rennen den Marktführern nach und müssen mit Ihren Kopien deutliche Einbußen hinnehmen. Ihr Ruf als innovativer Marktführer (sofern Sie den jemals hatten) geht verloren und Ihr Unternehmen steuert langsam, aber sicher in den Ruin.

Beispiele gibt es im Markt genug. Es interessiert nur niemanden. Daher muss diese Erfahrung immer wieder neu gemacht werden. Dumm, oder?

Ich nenne Ihnen noch ein anderes Beispiel vom Umgang mit vertraulichen Daten auf engstem Raum. Diesmal habe ich reagiert und Kapital daraus geschlagen. Man lernt ja schnell dazu.

Ich sitze wieder im Flugzeug. Diesmal bin auf dem Rückweg von einer Messe. Die BAe 146 ist bis auf den letzten Platz ausgebucht. Der gefühlte Abstand zwischen den Sitzen geht gegen Null. Ich sitze am Fenster – worüber ich mich immer freue – nur diesmal habe ich Pech. Die Triebwerke hängen direkt neben mir und versperren mir die Sicht. Gelangweilt lese ich das Bordmagazin, als plötzlich neben mir wieder dieses vertraute „CONFIDENTIAL" aufpoppt. Tiefrot. Man muss sich schon extrem anstrengen um es zu übersehen. Diesmal ein Reklamationsbericht. Keine schöne Sache, aber ich bin im ersten Moment froh, dass andere auch solche Probleme haben: Bauteilversagen. Es geht um einen Greifer bei Industrierobotern. Automatisierungstechnik. Der Wortlaut ist der Lage entsprechend scharf formuliert und um die Sache noch etwas interessanter zu machen, sind Regressforderungen gleich mit aufgeführt. Automobilbranche. Die verstehen ohnehin wenig Spaß bei solchen Dingen. Ich beneide meinen Nebensitzer nicht. Unruhig rutscht er auf seinem Sitz hin und her und scheint verzweifelt nach einer Lösung zu suchen. Mein Blick auf seine Dokumente wird intensiver als ich das Wort Kunststoff lese: meine Welt. Ob ich ihm vielleicht helfen könnte, denke ich noch.

In diesem Augenblick merkt mein bis dahin völlig geistesabwesender Nebensitzer mein Interesse für seine Dokumente und verbirgt schnell seine Unterlagen. Ein fragender und gleichzeitig verächtlicher Blick streift mich. Jetzt oder nie. Ich fasse mir ein Herz und wir kommen ins Gespräch. Es stellt sich heraus, dass er auf dem Weg zu seinem Kunden ist. Dieser hatte ihn aufgrund des Reklamationsfalles vorgeladen ohne viel Zeit zur Lösungsfindung zu ermöglichen: Kreuzverhör. Typisches Phänomen in der Automobilbranche. Nun sitzt er da wie ein Häufchen Elend. Keine

Erklärung für das Versagen und keine Lösung zur Behebung parat. Armes Schwein. In 45 Minuten wird die Maschine landen und er wird direkt am Airport empfangen.
Keine schönen Aussichten …

Ich gab damals meine Neugier und mein bisher erworbenes Wissen aus seinen Dokumenten zu erkennen. Sichtlich geschockt über meinen Wissenstand, aber auch interessiert an meiner Meinung, wurde das Gespräch technischer. Schließlich offenbarte er in einem Akt der Verzweiflung leise und diskret sein Problem. Der Greifer brach immer bei einer bestimmten Belastungsart bei einem ganz bestimmten Prozess. Fragen, die ich in diesem Zusammenhang immer an meine Kunden stelle, konnte er nicht beantworten. Schließlich stellte sich heraus, dass er für den Greifer nur deshalb Kunststoff verwendete, weil Gewichtsreduzierung zur schnelleren Beschleunigung und damit zur Zykluserhöhung verlangt wurde. Da er offensichtlich nur über sparsame Kunststoffkenntisse verfügte wählte er eine kostengünstige aber nutzlose Lösungsvariante aus. Das traf mich ziemlich hart und unvorbereitet. Nicht gerade eine Offenbarung für die deutsche Ingenieurskunst. Eher die Anleitung zum Schiffbruch.

Ich bat ihn mir die Anforderungen zu nennen, die an das System gestellt werden sowie den Versagensfall genauer zu erklären. Da ich meine Unterlagen dank des Messebesuches fast vollständig bei mir hatte, konnte ich ihm noch innerhalb unseres Fluges eine Materialempfehlung abgeben, ein digitales Datenblatt aushändigen und eine ungefähre Preisindikation mitteilen. Somit hatte er zumindest eine fundierte Alternative für sein Gespräch, auch wenn sein Problem damit noch nicht gelöst war. Wir tauschten die Visitenkarten aus und ich wünschte ihm beim Verlassen des Flugzeuges viel Erfolg.

Werde also nicht müde, deinen Nutzen zu suchen indem du anderen Nutzen gewährst.

Marc Aurel [9]

Einen Tag später klingelte mein Telefon im Büro. Es war der nette Herr von gestern, der so freizügig mit seinen vertraulichen Dokumenten umgegangen war. Er berichtete mir kurz von seinem Gespräch und freute sich sichtlich darüber, dass er dort mit Kunststoffwissen aufwarten konnte und seine Kunden beruhigte, indem er Alternativen aufzeigen konnte. Der Kunde gab sich schließlich zufrieden und willigte ein.

Im gleichen Gespräch bestellte er noch Kunststoff für einen Prototypen. Etwas später sogar eine stattliche Menge für die Serienfertigung.

Ich freute mich diebisch über diesen Coup und freue mich auch heute noch immer wieder, wenn ich an diesen Vorgang denke. Ich konnte jemandem in einer verzwickten, fast ausweglosen Situation helfen und wurde mit einem neuen Kunden belohnt.

[Geben & Nehmen]

Alles im Leben hat seinen Preis. Sie können es vielleicht schon nicht mehr hören. Aber es ist dennoch so. Geben und Nehmen. Preis und Leistung. So einfach ist die Welt im Grunde genommen. Wir wollen alles haben aber möglichst nichts dafür geben. Diese deutsche Eigenschaft hat den Besitzern von Lebensmitteldiskountern ein unglaubliches Vermögen eingebracht.

Was denken Sie, wenn Sie gefragt werden einem anderen einen Gefallen zu tun? Sind Sie bereit diesen Gefallen zu tun? Wenn ja: was ist Ihr Motiv? Sicherlich eine Geste der Gefälligkeit, um bei Bedarf auch einmal etwas fordern zu können. Und schon sind Sie mittendrin in der Berechnung: Ich tue etwas, also kann ich auch etwas verlangen.

Andere Frage: Was erwarten Sie, wenn Sie jemand um einen Gefallen bitten? Sie gehen sicherlich davon aus, dass Ihnen geholfen wird. Wenn Sie Direktor oder leitender Angestellter sind, dann hilft man Ihnen wahrscheinlich sogar.

Aber nur aus Sorge darüber, dass Sie die Person schlecht beurteilen könnten. Wenn Sie aber z. B. auf einer Messe einen wildfremden Menschen etwas fragen, glaube ich kaum, dass Ihr Werben Gehör finden wird. Warum sollte Ihnen denn jemand helfen? Machen Sie Ihren Mist selbst.

Geben und Nehmen. Grundlage jeder Beziehung. Was zahlen Sie auf das Beziehungskonto ein? Nur wenn Sie dort ein Guthaben besitzen können Sie auch etwas davon abheben.

Es gibt keine plumpere Art, als im Geschäftsleben einen neuen Kontakt sofort mit einer Forderung zu belästigen:
Guten Tag, mein Name ist Maier. Ich bin Verkäufer von schlüsselfertigen Staudämmen. Wir sind Marktführer auf diesem Gebiet und ich möchte mich gerne näher vorstellen. Wann können Sie mir hier eine Gelegenheit geben?
Ich garantiere Ihnen: Sie werden dort nie einen Vortrag halten. Warum auch? Sie selbst sind sicher mit dieser Art von Verkäufern auch schon in Berührung gekommen. Hat Sie dieses Vorgehen angesprochen? Geben Sie erst einmal etwas,

bevor Sie etwas nehmen. Geben ist seliger als Nehmen:

Guten Tag, mein Name ist Maier. Wie viel Energie verlieren Sie eigentlich täglich durch Leckage und schlechten Wirkungsgrad? Was kostet Sie das jährlich? Wir haben uns darauf spezialisiert hier optimierte Produkte anzubieten, damit Ihre Kosten reduziert werden können.

Fertig. Ein 30 Sekunden-Gespräch. Danach gehen Sie am besten. Was Sie hier hinterlassen haben, ist ein Angebot und keine Forderung. Gleichzeitig haben Sie Fragen aufgeworfen, die der Gefragte sich selbst beantworten kann, ohne von Ihnen belehrt zu werden.

Und Sie haben die Kostensenkungsmöglichkeiten aufgezeigt. Ich versichere Ihnen, dass dieser Mensch sich ganz sicher noch einmal melden wird.

Think about

- ✓ Haben Sie schon einmal genauer über das Geben und Nehmen nachgedacht? (auf juristischer Ebene spricht man auch von Rechten und Pflichten!)

- ✓ Wie viel geben Sie täglich?

- ✓ Wie viel mehr nehmen Sie im gleichen Zeitraum?

✓ Was fällt Ihnen leichter, Geben oder Nehmen? Warum?

✓ Geben Sie erst, nachdem Sie genommen haben? Warum?

Persönliche Notizen

Der für den Flug verantwortliche Purser hat soeben erklärt, dass die Besatzung den Landeanflug auf den Zielflughafen vorbereitet und man in wenigen Minuten landen werde. Ich warte auf den erneuten Aufsprung –wie bei der ersten Durchsage nach dem Start – um die Notebooks, iPads und andere elektronische Spielgeräte wieder rasch zu verstauen. Leider vergeblich. Erst als die Stewardess durch die Reihen geht, um die Anschnallpflicht zu kontrollieren, kommt Bewegung auf. Wahrscheinlich hat der Rechner aufgrund der dünnen Luft hier oben länger gebraucht zum Herunterfahren.

Die Piloten haben nun sämtliche Triebwerke auf ein erforderliches Minimum reduziert und die Maschine gleitet fast lautlos durch die Lüfte. Es ist wieder ruhig geworden in der Maschine. Jeder scheint sich auf die nun endlich beginnende Tätigkeit zu konzentrieren oder die Anspannung vor der Landung mit Atemübungen zu bekämpfen.

Die Häuser unter uns werden größer und größer. Man kann nun auch einzelne Automarken erkennen. Das Leben pulsiert auf einem Marktplatz unter uns, Sekunden später fliegen wir über einen Stau auf der Autobahn. Hektik und Stillstand. So dicht beieinander. Wie im wahren Leben, denke ich.

Der Schatten unserer Boeing ist nun auf dem Grün des Flughafengeländes sehr gut zu erkennen. Der Abstand dorthin wird immer geringer. Ein leichtes Ruckeln, wir sind unten. Die Triebwerkwerke heulen auf, die Flügelflächen nehmen auf einmal seltsame Formen an und mein Sicherheitsgurt versieht ein letztes Mal seinen Dienst. Rechts hinten ist das Terminal mit dem wir in wenigen Sekunden verbunden sein werden. Dann werden die Fluggäste, die eben noch so konzentriert auf engem Raum vertrauliche Dokumente studiert haben in alle Himmelsrichtungen davoneilen und ihrer Tätigkeit nachgehen. Neue vertrauliche Daten sammeln, um wieder ein Wichtigkeitsmerkmal für den Rückflug zu haben ...

Während wir ausrollen und unseren Weg zum Gate suchen, meldet sich die Stewardess ein letztes Mal, um uns am Ankunftsort willkommen zu heißen. In einem weiteren Satz bedankt sie sich für das Vertrauen, wünscht einen schönen Tag und bittet die Passagiere bis zum Erreichen der endgültigen Parkposition alle elektronischen Geräte ausgeschaltet zu lassen. Zu spät. In diesem Augenblick zerreißt die Nokia-Eröffnungshymne eines Handys die andächtige Stille an Bord. Weitere folgen. Schade, dass keine Vertreter von Handy-Herstellern anwesend sind. Die hätten sicherlich ein hormonelles Erdbeben erlebt. Wiederum stellt sich die Frage, warum kann hier keiner den Anweisungen Folge leisten? Ich kenne genügend Firmen, die nehmen Handys an der Pforte oder am Empfang ab. Und ich würde einiges verwetten, dass in manchen Betrieben der hier anwesenden Passagiere, Handys nicht erlaubt sind. Dort werden Fremde und Gäste gebeten, dass zu respektieren. Da ist es wieder – das Wort das kaum noch einer kennt:

R-E-S-P-E-K-T

Wir alle fordern Respekt ein und wollen respektiert werden. Aber wie reagieren wir? Warum haben wir das Recht andere nicht so zu behandeln? Nur weil wir wichtig sind und

„CONFIDENTIAL" auf unseren Papieren und Dokumenten steht?

Führungskräfte heißen deshalb so, weil sie eine Truppe führen, ihr vorangehen, fachlich und disziplinarisch verantwortlich sind. Fachliche Führung ist meist kein Problem. Probleme bereitet der zweite Begriff: disziplinarisch. Wie kann ich denn glaubwürdig sein, wenn ich von anderen fordere, was ich selbst nicht halte? Mal ganz ehrlich – hätte eine solche Person Ihr Vertrauen?
Natürlich sieht Ihre Mannschaft Sie im Augenblick nicht. Sie sind ja geflüchtet. Sie machen etwas selbst, anstatt zu delegieren oder anderen das Vertrauen zu schenken. Aber ist das ein Grund sich nicht dennoch korrekt zu verhalten? Würden Sie das als authentisch bezeichnen?

Unser Flugzeug hat inzwischen seine endgültige Parkposition erreicht und in diesem Moment erlischt das Anschnallzeichen. Wieder beginnt eine sehr interessante Epoche im Ablauf eines Fluges. Hektisch werden die Sicherheitsgurte weggeschleudert, die Gepäckfächer aufgerissen und Gepäckstücke die den Namen Handgepäck sicher nicht verdienen, über die Köpfe der noch sitzenden Fluggäste hinweg gehievt. So manche Beule und Schramme hat hier ihren Ursprung. Ungeduldiges Trippeln im Gang, den Koffer in der einen Hand, den Mantel über der anderen, die Informationen für den Taxifahrer klemmen bereits zwischen den Zähnen. Wer in diesem Stadium das Handy erst hochbootet gilt als Außenseiter.

Endlich. Die Tür öffnet sich. Die Passagiere drängen nach draußen als käme man von einem Tauchgang zurück bei dem der Sauerstoff knapp wurde. Kaum betreten die ersten Passagiere die Gangway, beginnen auch schon die Telefonate.

„Wie ist die Kursentwicklung?"

„Gibt es letzte News zum Projekt?"

„Hat sich der Schlappschwanz endlich gemeldet?"

„Ich bin soeben gelandet."

„Ah, ich verstehe, Sie stehen im Ankunftsbereich. Vielen Dank, bis gleich!"

Sie lachen? Alles schon gehört! Sämtliche notwendige und sicher viele unnötige Gespräche. Gepflegte Töne oder hohle Hugo Boss Anzüge mit flegelartigen Ausdrucksweisen. Alle diese

Telefonate dienen nur einem Zweck: ICH BIN WICHTIG. Kapiert denn das niemand um mich herum? Oder glauben Sie im Ernst, dass der mit Ihrer Abholung beauftragte Kollege Sie direkt an der Maschine empfängt? Das passiert vermutlich nur dem Nadelstreifen-Typ, den sie vor zwei Stunden in den Learjet gestopft haben. Wo der wohl nun gerade ist?

Persönliche Notizen

4. Erfrischendes aus Tagesprogramm

Im Ankunftsbereich spielen sich immer herrliche Szenen ab. Man kommt durch die Schiebetür nach draußen und ist überwältigt vom Ansturm der Besucher, die irgendwelche lieben Verwandten, Gäste und Kollegen abholen. Tausende von Schildern ragen in den Himmel. Ca. 70% davon beinhalten Firmennamen. Besser als in jedem Jobportal. Wer einen Job sucht, sollte sich einmal einen solchen Blick gönnen. Da werden hunderte von Firmennamen präsentiert. Das würde eine Menge Zeit und Suche im Internet ersparen. Die anderen 30% der Schilder enthalten meist persönliche Namen der zu erwartenden Personen. Interessante Form von Datenschutz.

„Hi Luigi, nice to see you. Thanks for picking me up at the airport. I'm glad you made it so early in the morning. Thank you so much for your assistance."

Aha. Auf einmal freut man sich offensichtlich, Luigi wieder zu sehen. Im Flieger eben hat der freundliche Herr gar nicht so freundlich über seinen Kollege Luigi gesprochen. Welch ein fieser Kerl das ist und mit welchen Methoden er seine Ziele erreicht. All das hat der Herr ausführlich seinem Sitznachbar erzählt. Der wollte das aber gar nicht hören, sondern lieber vertrauliche Dokumente studieren. Pech. So grenzenlos ist die Freiheit über den Wolken dann doch nicht.

Ein paar Meter weiter empfängt ein älterer Herr italienischer Abstammung eine Delegation japanischer Geschäftspartner. Desinteressiert und gelangweilt steht er da und hat ganz offensichtlich kein großes Interesse an diesem Besuch. Wahrscheinlich ist der arme Kerl sonst Pförtner und genießt längere Ruhephasen während seines Arbeitstages. Nur schade, dass er keinerlei Erfahrung hat im Umgang mit anderen Kulturen.

Drei japanisch aussehende, fein gekleidete und feierlich strahlende Herren kommen durch die Glasschiebetür. Wie auf dem Laufsteg. Penibel, akkurat und freundlich. Japanisch eben. Freudig gehen sie nach einer kurzen Phase der Orientierung auf den gelangweilten Herrn zu, der mit überwältigender Gleichgültigkeit das Logo seiner Firma in den Himmel streckt. Freudig strahlend gehen die drei auf Ihren Kontaktmann zu und reichen Ihm die Hand zur Begrüßung. Der hat aber keine Hand frei, weil in einer Hand das Schild mit dem Logo steckt und in der anderen eine qualmende Kippe. Mit einem gequält freundlichen Blick begrüßt er die drei und deutet mit einem Kopfnicken die Richtung seines Autos an. Ratlos sehen die drei Japaner sich an und man kann erkennen, dass diese Art von Begrüßung nicht ihren Erwartungen entsprach. Einer fasst sich ein Herz und fragt in japanischem Englisch: „It is so nice that you bring us to your company". Der Alte, dessen Kippe nun im rechten Mundwinkel steckt, schaut ihn nur irritiert an und zuckt mit den Schulter. "I speak no english". Die

Japaner ergeben sich Ihrem Schicksal und steigen in einen schwarzen Kombi. Ich bin mir nicht sicher, ob die Gespräche oder Verhandlungen dieser beiden Partien noch viel Sinn machen werden …

4.1 Das Meeting

Besprechungen, Meetings, Follow-up-Runden oder wie immer man diese Unterbrechungen noch nennen möchte, sind meist eine Qual. Noch schlimmer wird es, wenn man dafür noch verreisen muss. Es wäre eine Freude, wenn die Meetings strukturiert, inhaltlich abgestimmt und effektiv vorbereitet wären. Schade, dass so etwas immer nur die anderen erleben. Mir blieb es bisher verwehrt. Die psycho-logische Konsequenz und damit der Preis für solche schwach vorbereiteten Meetings sind dann endlose Diskussionen. Verknüpft damit sind nicht selten der Verlust der sachlichen Ebene und ein erbitterter Kampf auf emotionaler Ebene. Vom

Kognitiv zum Affektiv. Dies wiederum hat die Folge von Verstimmungen. Verstimmungen sorgen für Frust. Frust sorgt für erlahmende Handlungen. Und wenn Sie nicht aufpassen, können Sie irgendwann den Laden schließen weil aus Motivation „Dienst nach Vorschrift" wurde.

Emotionalisiere nie ein Sachproblem!

Interessant wird es wenn die Emotionen so aufkochen, dass Teilnehmer die Runde verlassen bevor sie zu Ende ist.

Ich kann mich an eine Besprechung erinnern, die genau so endete. Wir waren Freitagnachmittag auf 15.00 Uhr eingeladen worden für eine zweistündige Besprechung. Abstimmung und Ausrichtung zukünftiger Schritte. Mit anwesend waren unter anderem auch Vertreter höhere Hierarchien. Hier geschah exakt der zuvor beschriebene Wandel von sachlicher Diskussion zu emotionalem Kampf. Genaugenommen war die Sache nie interessant gewesen. Es ging um Macht und die Verteidigung eigener Ansichten und Aussagen. Das Aufeinandertreffen zweier Alpha-Typen war ein einziger Schaulauf auf dem

Laufsteg der Anerkennung und des Geltungswahns. Die zwei Stunden waren längst um und auch die dritte Stunde ging schon zur Neige. Die Sachlage war völlig in den Hintergrund getreten. Es tobte ein Schlacht wie sie Störtebecker einst auf See führte. Gegen 19.30 Uhr schließlich verließ einer der beiden Streithähne laut brüllend den Raum und trabte schnaubend und schäumend in sein Büro. Sein Kontrahent folgte ihm, ebenfalls laut fluchend und fauchend. Betreten und unsicher blieben wir zurück und überlegten was nun zu tun wäre, denn Maßnahmen für ein solches Verhalten hatte der Unternehmens-Leitfaden nicht vorgesehen. Nach weiteren 15 Minuten beschlossen wir, dass es nun Zeit fürs Wochenende wäre. Die beiden Streithähne liesen sich nicht mehr blicken und hatten offensichtlich auch kein Interesse mehr an uns, geschweige denn an der Tatsache die eigentlichen Probleme einer Lösung zuzuordnen.

Dieser Tag zerbrach sehr viel Porzellan und sorgte in den folgenden Wochen für ein sehr lähmendes agieren. Viel betriebswirtschaftliches Kapital wurde hier verbrannt und obendrein wurde noch unsere Zeit gestohlen. Und zwar von exakt den

Herren, die uns immer ermahnen sinnvoll mit Zeit und Ressourcen umzugehen. Seit jenem Tag denke ich in vielen Dingen anders.

Eine weitere Reise führte mich einmal nach Houston, um an einer Besprechung teilzunehmen. Spektakulärer Trip. Heftiger Schneefall beim Abflug in Frankfurt. Lange Zeit war unklar ob die Maschine überhaupt fliegen darf. Und etwa genauso lange haben wir anschließend unter der Enteisungsmaschine gestanden und orange Brühe über unseren Flieger tropfen sehen. Ein merkwürdig befremdendes Gefühl. Wahrscheinlich eine Art Desinfektion auf Flügen in die Staaten. Die haben schließlich eine Reihe von seltsamen Einreiseritualen …
Stunden später schwamm ich bei praller Sonne und rund 30 Grad Celsius im Pool irgendeines Mittelklassehotels und entspannte meinen durch 14 Stunden Holzklasse schwer verkrampften Körper.

Die Reise war dringend notwendig geworden, weil die Kollegen in Houston das europäische

Qualitätsniveau (mal wieder) nicht annähernd erreichen konnten – was übrigens ohnehin selten der Fall ist. Somit standen sie unlösbaren Problemen gegenüber. Aber anstatt den Hörer in die Hand zu nehmen und die Dinge anzusprechen, sahen wir die Bescherung erst bei Eintreffen der Lieferung. Unsere Kunden machten Druck (wie immer) und es blieb wenig Zeit, um organisatorische Maßnahmen zu treffen. Das Problem musste nun schnellsten einer Lösung zugeführt werden. Zeitgleich reisten auch zwei weitere Spezialisten aus der österreichischen Niederlassung an, um an dieser Besprechung ebenfalls teilzunehmen.

So saßen wir also am Folgetag in einem kleinen, klimatisierten Raum: Zwei Österreicher, drei US-Amerikaner und ein Schwabe. Das gefühlte Raumklima lag irgendwo am Gefrierpunkt und kam somit ziemlich nahe an die Stimmungslage im Raum. Das Thema war allseits bekannt, denn es hatte uns ja zu dieser Reise gezwungen.
Die theatralisch verzweifelten US-Kollegen eröffneten die Runde mit einer inhaltlich beachtlich eintönigen dafür sehr emotional geprägten Präsentation, die weder Fakten noch

Inhalte bot. Zugleich vermittelte man uns Europäern das Gefühl, dass wir nun bei einem unglaublich wichtigen Thema mitarbeiten dürften. Schwachköpfe. Wir sind ja nicht zum Spaß um die halbe Welt gesegelt.

Kennen Sie das Gefühl, wenn sie niesen müssen, der Körper sich langsam verkrampft, die Nase kitzelt und plötzlich muss man doch nicht niesen? So in etwas endete der Vortrag. Die emotional vorgetragene Rede, die jeglichen Inhalt vermissen ließ, endete in einem Spannungsfeld kurz vor der erlösenden Explosion.
In der Politik kann man bisweilen ebenso inhaltslose Diskussionen verfolgen. Dennoch ist das „Nichts" in extrem interessante Wortkreationen eingepackt. Die Mathematik kennt dieses Phänomen ebenfalls und nennt es „Leere Menge".

Das weitere Vorgehen war nicht weiter definiert worden und so saßen wir dann ziemlich lange und überlegten uns erst einmal eine Agenda. Da uns verschiedene Informationen (mangels Vorbereitung und unklarer Sachverhalte in den USA) aber nicht zur Verfügung standen, warfen wir die Agenda mehrmals über Bord und suchten uns jeweils eine andere Spielwiese. Um es kurz zu machen:

Die Besprechung endete nach mehreren Stunden damit, dass wir kurzfristig eine Telefonkonferenz mit dem Stammhaus in Deutschland organisierten. Dort wurde die Problematik sachlich analysiert, drei Lösungswege aufgezeigt und eine Verantwortlichkeit bestimmt, garniert mit einem straffen Zeitplan.

Sichtlich beeindruckt gingen die Amerikaner an die Arbeit und wir zurück zum Flughafen.

Es gibt Besprechungen, die sind sooo wichtig, dass man unter allen Umständen quer durch Europa fliegen muss, um den Kaffee in Lyon genießen zu können. Meist gibt es vorher auch keine Agenda zur Vorbereitung – dies unterstreicht jedoch nur die absolute Diskretion und Notwendigkeit live dabei zu sein. Es sind so geheime Absprachen zu treffen, dass man das nicht zu Papier bringen kann. Im Zeitalter des elektronischen Datenklau könnte wichtiger Inhalt vom Wettbewerb abgegriffen werden. Da ist es also wieder: unser Vertraulichkeitsphänomen.

Keine sensiblen Daten elektronisch weiterleiten. Es könnte spioniert werden. Im Gegenzug dafür werden sämtliche vertraulichen Dinge am Flughafen öffentlich gemacht. Immerhin hat dies den Vorteil, dass man andere dafür nicht belangen kann. Es ist ausschließlich die eigene Dummheit.

Meetings ohne Agenda im Vorfeld und ohne Protokoll im Nachgang sind an der Tagesordnung. Blöd nur, dass die Inhalte so geheim sind, dass der Vortragende selbst nicht weiß worüber er moderiert. Aber der Kaffee schmeckt dafür ganz gut in Lyon (was schlichtweg eine Lüge ist).

Die meisten Meetings sind unnötig, gegenstandslos und ziemlich bescheiden organisiert. Und das Schlimme an solchen Meetings ist, dass sie eher verunsichern als zur Lösung beitragen. Sicherlich gibt es immer wieder Bedarf, sich während der Arbeit zusammenzusetzen, sich abzustimmen oder Dinge einfach zu besprechen.

Trotz Telefon, Computer, Video- und Webkonferenzen ergibt sich auch heute immer wieder die Notwendigkeit, dass man sich in einem Raum zusammenfindet, um etwas zu erledigen. Besonders bei der Gewinnung neuer Kunden oder Überwindung interkultureller Hürden kann dies von enormer Wichtigkeit sein.

Ich kann mich jedoch auch manchmal nicht des Eindrucks erwehren, dass einige Kollegen (und diese Zahl nimmt exponentiell zu) Meetings nutzen, um zur Ruhe zu kommen, nachzudenken und ihr Handeln neu auszurichten. Mit dem eigentlichen Meeting und dessen Inhalt haben sie nichts zu tun.

Es ist nicht wenig Zeit, die wir haben,
sondern viel Zeit, die wir nicht nutzen.

Sokrates [10]

Allzu oft kommen Menschen zusammen, ohne genau zu wissen welchem Zweck eine Besprechung dient und was der Grund der „Arbeitsunterbrechung" ist. Dabei ist es prinzipiell sehr einfach:

Es gibt genau drei stechende Argumente für eine Besprechung:

1. Informieren
2. Optionen diskutieren
3. Entscheidungen treffen

Über die Details lässt sich streiten, am effektivsten ist aber sicherlich Grund Nummer drei. Hier wird etwas bewegt, vorangebracht, entschieden. Für die anderen Punkte gibt es auch andere Möglichkeiten.

Und noch etwas: Sorgen Sie dafür, dass es im Besprechungsraum keine Stühle gibt.
Das meine ich ernst!

[Meetings]

Grundbedingung für ein gutes, zielführendes Meeting ist, dass man sich im Vorfeld bereits darauf verständigt hat, welcher Grund bzw. Anlass vorliegt. Informationen im Vorfeld haben noch keinem geschadet und wenn Sie die Runde dann clever führen, die Zeit im Auge behalten und berücksichtigen, dass am Ende eine Entscheidung getroffen werden muss, dann sind Sie bereits weit über dem Durchschnitt.
Der Fahrplan ist so simpel wie anspruchsvoll:

1. Problem /Grund der Besprechung
2. Zieldefinition
3. Ursachenanalyse
4. Lösungsvorschläge
5. Entschluss

Wichtig ist, dass Sie die Ursache kennen und bekämpfen. Sonst stellen Sie sich auf die gleiche Stufe wie manche Hausärzte. Antibiotika hilft immer. Falsch. Die Ursache der Erkrankung darf nicht unerkannt bleiben. Die des Problems auch nicht.

Think about

- ✓ *Wie laufen Besprechungen in Ihrer Firma ab?*

- ✓ *Ärgern Sie sich auch, wenn Besprechungen nicht effektiv sind und nur Zeit kosten? Wenn ja, wie organisieren Sie Meetings?*

- ✓ *Verteilen Sie vorab Informationen und tragen somit dazu bei, dass die Teilnehmer sich vorbereiten können, um einen qualifizierten Beitrag zu leisten?*

Persönliche Notizen

4.2 Die Messe

Messebesuche gehören zweifelsohne zu den absoluten Highlights. Hier ist die ganze Bandbreite menschlichen Versagens sichtbar. Warum? Nun, ich habe keine wissenschaftlich belegte Studie aufzuweisen, aber ich kann mich des Eindrucks nicht erwehren, dass das Begehen von Dummheiten in engem Zusammenhang mit der Anzahl umgebender Menschen steht. Scheint logisch, denn man wird anonymer.

Setzen Sie sich einmal in aller Ruhe in eine Cafeteria zwischen zwei Messehallen und beobachten Sie, nachdem Sie einen entsetzlich schlechten Kaffee für viel Geld erstanden haben, die vorbeiströmenden Menschen. Diese Eindrücke lassen den Frust über den miesen, teuren Kaffee schnell vergessen. Das erste was Sie unweigerlich wahrnehmen, ob Sie wollen oder nicht, ist das gesamte Portfolio jüngst auf den Markt geworfener Kommunikationsgeräte: Handys, Touchphones, iPhones, alles. Und es wird so telefoniert oder ge-sms-t, dass das auch alle wahrnehmen. Klar doch. Die Typen sind wichtig. Achten Sie auf die Wortfetzen, die Ihnen um die Ohren wehen. Damit kann ein ganzes MBA-Studium aufgebaut werden: Added Value, Break-Even-Point, Cash-Flow, EBIT, feindliche Übernahme, First-Mover-Strategy, Joint Venture, Return of Investment, Outsourcing, Value Chain und sonstiger betriebswirtschaftlicher Müll. Alles klar? Ich fress' einen Besen, dass 50 % nicht wissen, was sie da reden. Jedenfalls passen Kleidung, Auftritt und Wortschatz nicht wirklich zusammen. Aber um das Thema Authentizität kümmern wir uns später noch.

Ein weiterer Blick lohnt auch die betriebsame Hektik. Im Büro ist kaum einer so flott unterwegs. Natürlich sind die Messegelände oft riesengroß und die Hallen die man besuchen möchte liegen ohnehin nie nebeneinander. Aber auch hier ist es wieder höchst amüsant, wie Ellbogen den Weg frei machen und Trolleys gnadenlos und ohne Rücksicht oder Entschuldigung über fremde Füße gezogen werden und hässliche Riefen in usbekischen Wildlederschuhen hinterlassen. American Football lässt grüßen. Die fegen auch so über den Platz, sind aber im Gegensatz dazu passend angezogen.

Und dann gibt's in diesen Cafeterias auch noch die Geschäftsgespräche. Zwei große Notebooks liegen auf einem Tisch von 40cm Durchmesser. Dazu zwei Kaffeetassen, Croissants und in künstlichem Edelleder eingebunden Schreibblöcke. Blinkende Blackberrys und silberne Rotring-Kugelschreiber. Alle Geschütze der Businessklasse werden aufgefahren. Sieht verdammt wichtig und vor allem nobel aus. Rücken Sie mal den Stuhl etwas näher und Sie werden Freude finden am Gespräch. Restaurantempfehlungen, Urlaubsberichte oder die angesagten Nachtlokale in der jeweiligen Stadt. Hier wird alles ausgetauscht was in irgendeiner Form nichts mit Business zu tun hat.

Aber es sieht gut aus. Und solche Infos sind ja auch wichtig.

Besoffen von diesen Eindrücken und Fachbegriffen sind Sie nun bestens gerüstet zum Gang in die Messehallen und zwischen die Stände. An die Front sozusagen. Gier trifft Dummheit. So ziemlich das erste was Sie sehen werden, sind schick gekleidete Geschäftsleute, die Taschenweise Werbeartikel und Demo-Objekte durch die Hallen zerren und kaum noch wissen, wie sie das alles tragen sollen. Besonders auffallend sind unsere asiatischen Freunde. Hier wirkt das Verhältnis von Ausbeute und Körpergröße noch viel treffender. Man fragt sich manchmal, wer hier mit wem eigentlich durch die Hallen wandert.

Natürlich kann man den Kids zu Hause etwas mitbringen. Vor allem wenn's nix kostet. Da werden dann nicht nur Schwaben gierig. Aber die Sammelwut mancher Kollegen lässt erahnen, dass die wohl nicht wirklich aus ernsthaften Geschäftsinteressen hierher gereist sind. So jedenfalls kann dieser auf keinem Stand mehr auftauchen und seriöse Gespräche führen wollen.

Ganz cool sind dann die Verhaltensweisen, wenn an manchen Ständen Alkohol ausgeschenkt wird. Am besten Weißwurst und Weißbier. Unglaublich, wie viele Menschen auf einmal Interesse an diesen Produkten entwickeln. Man lässt sich notgedrungen mit den Grundfunktionen des Produktes verarzten und sich anschließend mit einem „ach das wär' aber nicht nötig" zum Weißwurstfrühstück überreden. Die Weißwurst schmeckt scheußlich. Aber egal. Dann spülen wir sie eben mit zwei Bier herunter. Rein in den Schädel und weiter geht's. Zwei Stände weiter gibt's das nächste Bier, das sollte man auf jeden Fall auch noch probieren. So geht Business heute. Später werden diese Suffköpfe dann in der Firma erzählen, dass sie sich haben ausführlich beraten lassen, die Produkte für die eigene Firma aber eher von untergeordnetem Interesse sein würden.

Ich schlendere weiter und bleibe an einer Menschentraube hängen, die den Weg versperrt. Laute Musik übertönt die ohnehin schon lärmerfüllte Halle. Meine Ellbogen helfen mir, mich durchzukämpfen und zu sehen warum hier so ein Auflauf ist. Alles klar. Da stehen zwei sparsam bekleidete blonde Püppchen und faseln etwas über Schmierfette und Gleitreibungskoeffizienten. Wie passend. Wahrscheinlich der technische Außendienst von Beate Uhse. Aber es zieht die Menschen an. Eigentlich eher die Männer dieser Schöpfung. Ein Blick in die Zuschauer lohnt allemal. Gierige, leuchtende Augen, lechzende Mundwinkel und begeisterter Applaus. Komischerweise nicht über die Schmiermittel. Die interessieren hier ohnehin keinen. Lauter notgeile Säcke.

Dann gibt's aber auch Messestände, da ist nichts los. Den ganzen lieben, langen Tag. Komisch, oder? Da stehen einsame Geschäftsleute, deren Sakkoknöpfe mehr Ausdruck verleihen als die Träger derselben. Kein aktives Zugehen auf die Besucher, keine Attraktionen am Stand, keine Geschenke zum einsammeln und natürlich keine blonden Gleitcreme-Akrobaten. Was machen die hier? Und wie verdienen die überhaupt ihr Geld? Messe ist Kontaktbörse!

Stichwort Kontaktbörse: Je später der Messetag desto besser die Stimmung und desto mehr Alkohol taucht plötzlich auf. Die Messestände sind üblicherweise bis unters Dach gefüllt mit Bier, Wein, Cocktails und sogar harten Drinks. Alles da. Alles umsonst. Und alles natürlich nur für die Kunden. Und wenn keine Kunden kommen, dann lädt man sich eben welche ein, um ein businessorientiertes Saufgelage zu veranstalten. Dann tauchen auch noch die netten Kolleginnen vom Nachbarstand auf. Und fertig ist die Sause. Jetzt geht die Post ab. Ballermann am Messestand. Natürlich braucht keiner Alkohol um lustig zu sein. Aber heut gehen alle auf Nummer sicher.

Apropos Nummer...
Die wird hier selbstverständlich auch verabredet. Es ist unglaublich, wie Messen im Laufe eines Tages zur Fleischbörse mutieren. Und angeheizt durch die Promille, werden Verabredungen für den Abend und die Nacht getroffen. Erst wird gesoffen bis der Arzt kommt und dann wird gevögelt. Wie die Ratten im Stroh. Alles zum Wohle des Business. Beziehungspflege. Hier funktionieren sie auf einmal: die zwischenmenschlichen Beziehungen und Abläufe. Na klar. Weil diesmal ein persönlicher Gewinn zu

machen ist. Ansonsten ist beim Thema „Zwischenmenschliche Beziehung" aber eher tote Hose.

4.3 Die Kulturen

Ich werde am Flughafen abgeholt von einem Freund und Kollegen aus der Niederlassung, die unsere Firma hier hat. Stefano begrüßt mich typisch lässig, wie Italiener das eben tun. Er freut sich, dass ich ihn heute unterstützen werde und lässt mich das auch umgehend wissen. Der Zeitplan ist straff. Wir müssen noch fast zwei Stunden mit dem Auto fahren bis wir unseren Zielort erreichen. Dennoch lässt es sich Stefano nicht nehmen, mich auf dem Flughafen noch auf einen Espresso einzuladen. Während er an der Theke bestellt, suche ich einen kleinen Tisch, denn ich weiß, dass es wieder viel zu erzählen geben wird. Auch wenn die Zeit rennt, Italiener sehen das nicht so eng. Ich werde nervös, aber weiß aus Erfahrung, dass die Gesetze hier anders sind.

Intensiver Kaffeeduft dringt in meine Nase. Ich schließe die Augen. Italien. Herrlich. Ich darf hier sein, während die Kollegen zu Hause in der Firma am Schreibtisch sitzen und fluchen. Sonnenstrahlen kitzeln meine rechte Wange und ich fühle mich für kurze Zeit wie im Urlaub.

„…Rainer, I spoke with the Customer this morning …" Ich werde aus meinem Sekundentraum in die Wirklichkeit geholt. Stefano grinst mich an und wählt dabei schon wieder eine Nummer in sein Handy. Keine Ahnung was er nun will. Ich verstehe eh kein Wort. Ich weiß nur, dass man Italiener am Handy nie stören darf. Wir sitzen fast 15 Minuten in dem Bistro am Flughafen Malpensa bevor wir uns auf den Weg zum Kunden machen. Nach deutschem Zeitverständnis ist ein pünktliches Ankommen nicht mehr möglich. Aber Stefano ist der Prototyp eines Italieners. Groß, dunkle Locken, braungebrannt, immer modisch elegant gekleidet und natürlich braune Schuhe. Hochglanzpoliert.

Das Markenzeichen der Tifosi. Sein Nokia ist praktisch in die Handfläche verwachsen. Der weiß schon was er tut.

Auf dem Weg zum Kunden wollte ich noch einige Punkte mit Stefano besprechen und uns auf den Besuch einstimmen bzw. abstimmen. Dazu kommt es aber nicht. Ich hätte es wissen müssen. Bin ja nicht zum ersten Mal hier. Irgendwie ist die deutsche Naivität wieder größer gewesen als die internationale Erfahrung. Die nächsten zwei Stunden gehören Stefano. Überschwänglich erzählt er von den letzten Erfolgen, den beiden Messen auf denen er zwar viel repräsentiert, aber wenig abgeschlossen hat und den neuesten Gerüchten aus der italienischen Niederlassung. Er sei nach eigener Ansicht aber nicht in den Skandal um die Preisabsprachen verwickelt. Er war lediglich Überbringer verschiedener Nachrichten und Botschaften. Ich höre nur zur Hälfte hin. Meine hauptsächliche Konzentration gilt dem Geschehen auf der Straße. Wild hupend und permanent gestikulierend bahnt sich Stefano seinen Weg durch das Piemont. Der Abstand zu anderen Fahrzeugen reduziert sich verschiedene Male auf ein bedrohliches Minimum. Meine

Hände sind etwas feucht und ich zweifle, ob das wirklich nur das Kondensat der heftig arbeitenden Klimaanlage ist. Aber Stefano sitzt völlig entspannt am Steuer und erzählt über Italien und die letzten Entwicklungen.

Meine Arbeitsunterlagen habe ich inzwischen auf die Rückbank gelegt. Keine Chance – und kein Interesse von Stefano. Nach rund zwei Stunden rollen wir mit exakt 17 Minuten Verspätung in den Hof der Firma, die wir heute besuchen wollen.

Ich sortiere meine Kleidung gerade und rücke die Krawatte in eine korrekte Position, als sich plötzlich Stefano mit ernster Miene an mich wendet: „Wie sollen wir das Gespräch beginnen? Hast Du alle Unterlagen dabei? Haben wir die Ergebnisse überhaupt schon ausgewertet? Können wir Alternativen aufzeigen?"
Eine Reihe von Fragen überschatten meine Bemühungen entspannt wirkend aus dem Auto auszusteigen. Auch ich bin nervös. „Keep cool" antworte ich knapp. Für eine Abstimmung bleibt nun definitiv keine Zeit mehr. Wir sind eh schon zu spät, abgestimmt sind wir auch nicht und

welche Strategie wir einschlagen steht auch noch in den Sternen. Ich erinnere mich wieder, dass ich gerade in Italien unterwegs bin und es eigentlich keinen wirklichen Grund zur Panik gibt. In Deutschland hätte ich nun vermutlich umgedreht und wäre wieder nach Hause gefahren.

Stefano hat inzwischen seine lebensfrohe italienische Art wiedergefunden und zerrt mich unauffällig in das Foyer und beginnt umgehend mit beiden Händen zu gestikulieren, als die hübsche schwarzhaarige Dame am Empfang sich ihm zuwendet. Seine Augen werden traurig, groß und sein Blick tief bemitleidenswert. Er erklärt gerade die Verspätung. Nach einer kurzen Diskussion kehrt das Lächeln in sein Gesicht zurück und die Dame begleitet uns ins Besprechungszimmer. In Deutschland würden wir nun in ein bereits vollbesetztes Zimmer kommen und uns fragenden Blicken stellen müssen. In Italien ist das anders. Obwohl wir nun bereits eine halbe Stunde über der vereinbarten Zeit sind, ist von unseren Gastgebern noch keiner hier. Wir suchen uns einen Platz am Tisch und breiten unsere Unterlagen aus.

Mit dem Charme den man nur in Italien vorfindet, kommt schließlich der erste unserer Gesprächspartner ins Zimmer. Er stellt sich kurz vor und erklärt uns, dass seine Kollegen noch in anderen Terminen stecken. Er lädt uns in die Küche auf einen Espresso ein. Die beiden quatschen relaxt italienisch während ich mir die Finger an der vorgewärmten Tasse verbrenne. Eile hat offensichtlich keiner. In Deutschland wäre so etwas kaum denkbar. Da bestimmen Termine die Besprechungen und deren Ergebnis. Ein Termin jagt den anderen und die Ergebnisse sind oft faule Kompromisse – nur um rechtzeitig fertig zu sein und in das nächste Besprechungszimmer zu rennen. Am Ende des Tages beklagen wir uns dann, dass wir so gestresst und verbraucht sind. Dafür haben wir viel erreicht (vielleicht!).
Hier in Italien ist das anders. Da nimmt man sich Zeit. Man nennt so etwas auch Leben. Die Arbeit wird selbstverständlich auch getan, aber mit einer anderen Stimmung und Laune. Auch regt sich hier keiner darüber auf, dass die Kollegen noch nicht da sind. Trinken wir eben noch einen Espresso.

Endlich kommen auch die anderen beiden Herren. Deren Entschuldigung über die Verspätung ist eigentlich überflüssig. Wir begrüßen uns und stellen uns gegenseitig vor. Eine Dame kommt ins Zimmer und serviert frischen Kaffee. Sichtlich entspannt lehnen sich unsere Gastgeber zurück und sprechen über Gott und die Welt. Die Mafia hat wieder einen Richter erschossen. In Neapel werden die Müllberge immer größer und Berlusconi hat mal wieder ein neues Gesetz zum Schutz seiner korrupten Machenschaften vorgeschlagen. Wenigstens mögen die Italiener ihn auch nicht, denke ich.

Der Beamer wird hochgefahren und langsam kehrt die Anspannung bei mir zurück. Als die Präsentation geladen wird, fällt einem der drei Herren ein, dass Inter Mailand am vergangenen Wochenende mal wieder verloren hat. Sofort sind die anderen beiden mit im Gespräch. Auch Stefano weiß Maßnahmen, wie man Inter helfen könnte und so zieht sich die Diskussion um die Rettung des millionenschweren Fußballclubs um weitere 10 Minuten hin. Herrlich. Italien. Ein Gefühl von Freiheit und Gelassenheit.

Das soziale Koma

Interkulturelle Aktivitäten bestimmen heute die Arbeitswelt. Es liegt an uns, ob wir sie bekämpfen oder annehmen.

Rainer Gottschalk [11]

Nach rund einstündiger Verspätung starten wir endlich mit den geschäftlichen Dingen. Es gibt wie immer italienisch hitzige Debatten mit herrlichen Dramaturgien und köstlichen Choreographien. Wir zeigen unsere gegenseitigen Positionen, Standpunkte und Erwartungen auf, analysieren die Abweichungen und überlegen wie wir am besten ein einvernehmliches Ergebnis finden könnten. So relaxt unsere Gegenüber zu Beginn waren und so emotionslos unsere Verspätung hingenommen wurde, so beharrlich und hartnäckig sind sie nun im Vertreten Ihrer Forderungen.
Nach zwei Stunden wilder Diskussion beschließen wir essen zu gehen.

Wir fahren in eine kleine Trattoria am Rande der Stadt. Essen in Italien ist immer ein Genuss. Nicht nur wegen der guten italienischen Küche. Beim Essen nehmen sich Italiener in der Regel viel Zeit fürs Reden. Alles Mögliche wird diskutiert, die Themen streifen von privaten bis zu geschäftlichen Belangen alle erdenklichen Themengebiete. Auch Inter Mailand wird nochmals intensiv bedacht.

Und wieder einmal staune ich über die rasche Auffassungsgabe der Italiener: Egal was man sagt, der Italiener kennt schon die Antwort – lange bevor man ausgeredet hat. Noch während ich rede, kommt schon die Antwort.

Am Nachmittag gehen wir nochmals in die Diskussion um unsere Themen. Ich habe Mühe gelassen zu bleiben, denn die ganzen Themen wurden am Morgen bereits besprochen. Ich könnte die Zeit sinnvoller verbringen als alles dreimal zu wiederholen, denke ich. Ich bin es eben gewohnt, Dinge schnell auf den Punkt zu bringen. Besprechen. Lösung suchen. Abhaken. Nächste Baustelle. So geht das in Deutschland. Hier in Italien redet man gern und viel im Kreis. Das braucht viele Worte und viel Zeit. Und die Redegeschwindigkeit verdoppelt sich im Laufe der Gespräche. Ich beuge mich meinem Schicksal. Schließlich bin ich hier Gast. Und ich erinnere mich zurück an ein Buch über interkulturelle Kommunikation, das ich einmal las. Da empfahl man in Italien nicht zu pedantisch, sachlich und autoritär aufzutreten. Stattdessen lieber Spielraum bieten, gelassen bleiben und sich in Geduld üben wenn nicht alles nach Plan läuft.

[Interkulturelle Kompetenz]

Die Welt ist inzwischen so überschaubar geworden. Die Geschäfte wandern rund um den Globus. Internationale Aktivitäten gehören heute zu beinahe jeder Arbeitsstelle. Täglich entwickeln sich neue wirtschaftliche Verflechtungen zwischen Ländern und Unternehmen.

Interkulturelle Kompetenz. Dieses Schlagwort hat heute eine enorme Tragweite bekommen. Leider wird es nur von wenigen genutzt. Egoismus und persönliche Note überwiegen noch immer in vielen internationalen Beziehungen. Spannung ist die logische Konsequenz. Es gibt eine Reihe von Beispielen, die eindrucksvoll belegen, dass die Projekte nicht an der Sache selbst, als vielmehr an der persönlichen, zwischenmenschlichen Aktivität gescheitert sind.

Interkulturelle Kompetenz beschreibt die Kompetenz, auf Grundlage bestimmter Haltungen und Einstellungen sowie besonderer Handlungs- und Reflexionsfähigkeiten in interkulturellen Situationen effektiv und angemessen zu interagieren.

Vom Verständnis für die andere Seite, die weit über das Verstehen der Sprache hinausgeht, hängen Erfolge heute ab. Wie gewinne ich mein Gegenüber? Wie kann ich einen bleibenden Eindruck hinterlassen? Wie denkt mein Geschäftspartner?
Kulturelle Systeme und Gepflogenheiten zumindest in Ansätzen zu verstehen, sich auf die Bewohner des Landes einstellen, das ist der Reiz und die Formel zum Erfolg. Ihr Gesprächspartner wird nicht erwarten, dass Sie sämtliche Regeln, Gesetze und Eigenheiten des Landes und seiner Einwohner beherrschen. Aber er wird es sehr wohl zu schätzen wissen, wenn er merkt, dass Sie sich bemühen auf diese Dinge einzugehen oder Rücksicht zu nehmen.

Think about

- ✓ *Haben Sie auch schon solche Erfahrungen gemacht? Wie hat dies Ihren Arbeitsstil beeinflusst oder Ihr Leben verändert?*

- ✓ *Haben Sie schon einmal beobachtet, dass Gastarbeiter in Deutschland, die unsere Verhaltensweisen angenommen haben anders behandelt werden als jene die sich nicht darum kümmern? Warum ist das so?*

- ✓ *Welche Verhaltensweise erwarten Sie von Besuchern?*

✓ *Ist Ihnen bewusst, dass Sie – wenn Sie auf Reisen sind – der Ausländer sind?*

Später sitzen wir im Auto auf dem Weg zurück zum Flughafen. Ich lasse meine Gedanken nochmals um die Diskussionen heute kreisen. Stefano telefoniert sämtlichen entgangenen Gesprächen nach. Ich verstehe nur wenig aber ich kapiere, dass nur die wenigsten Gespräche mit geschäftlichen Belangen zu tun haben.
Als er mich am Flughafen aussteigen lässt, verabschieden wir uns freundlich voneinander. Nach italienisch überschwänglichen Gesten fügt er als Schlussbemerkung noch an: „Es war ein erfolgreicher Tag. Eine gute Vorbereitung zahlt sich einfach immer wieder aus." Ich schweige und nicke ihm freundlich zu. Nicht aufregen – du bist in Italien, denke ich noch, aber da braust Stefano auch schon davon.

Persönliche Notizen

5. Erlebnispark Flughafen (II)

Da bin ich nun wieder. Gerade erst habe ich den Airport verlassen und nun bin ich wieder zurück. Angereichert mit vielen neuen Erfahrungen, Eindrücken und Erlebnissen.

Ich suche meinen Weg zur Gepäckkontrolle und stelle mich geduldig ans Ende einer Schlange. Die Betriebsamkeit nimmt von Minute zu Minute zu. Nach und nach treffen sie alle wieder ein: die Businesskasper, die gleich mir einen Tag hier unterwegs waren und nun wieder nach Hause wollen. Es ist interessant zu beobachten, wie diese Kollegen sich verhalten und welche Mimik ihr Gesicht trägt. Der Erfolg oder Misserfolg des Tages ist oftmals mühelos zu erkennen.

Ich ziehe geduldig mein Jackett aus, löse den Gürtel und – weil's die Italiener hier so wollen – ziehe auch meine Schuhe noch aus. Interessant wie auf den verschiedenen Flughäfen unterschiedlich gescannt wird. Der 11. September lässt grüßen. Früher war das alles deutlich entspannter.

Die Anzeigetafel am Ende der Kontrolle verrät, dass der Flug 10 Minuten später als geplant abfliegen wird. Damit kann ich leben, denke ich noch und mache mich auf den Weg zu einem Bistro. Es bleiben noch 90 Minuten bis zum Abflug. Ich suche mir ein nettes Plätzchen, bestelle ein Bier und beginne meinen Besuchsbericht des heutigen Tages ins Notebook zu hacken. Die Fakten sind klar, die Sachlage auch, ich ergänze die Gesprächspunkte noch mit ein paar Zahlen und Informationen zum Unternehmen, damit sich später alle Leser des Berichtes auch in die Denkweise des Kunden eingebunden fühlen.

Ein letzter Blick gilt den e-Mails. Die wichtigsten drei beantworte ich noch an Ort und Stelle, der Rest kann warten. Ich klappe das Notebook zu, nehme einen tiefen Schluck kühles Moretti und merke wie sich die Anspannung langsam löst.

Am Tisch neben mir nimmt eine kleine Gruppe von vier Männern Platz und beginnt eifrig zu diskutieren. Vermutlich Kollegen. Es ist nicht schwer zu erkennen, dass die Gespräche auf irgendeiner Messe heute wohl ein Desaster waren. Alle sind doof, nur natürlich die vier nicht – das ist der Tenor des Gespräches. Was nun folgt ist eine Abstimmung unter den Vieren, die man schon beinahe als Verschwörung bezeichnen kann. Die Gesprächsergebnisse werden frisiert, geschönt und so hingebogen, dass man erhobenen Hauptes im Unternehmen wieder erscheinen kann. Der Rest der Absprache erfolgt mündlich. Herrlich. Überall läuft's wohl gleich. Die Menschheit ist bescheuert, unehrlich und besessen auf positive Ergebnisse. Das Leben geht nun einfach einmal bergauf und bergab. Es gibt kein Leben, das nur negative oder ausschließlich positive Elemente enthält. Genau das macht das Leben ja lebenswert und interessant.

Negatives Wachstum. Dieser Begriff allein zeugt schon sehr eindrucksvoll vom Positivismus der Menschen. Verschleierungstaktik. Schönreden. Irgendwie scheint die geistige Inflation im Management besonders hoch zu sein.

Hier sieht man ihre Trümmer rauchen.
Der Rest ist nicht mehr zu gebrauchen.

Wilhelm Busch [12]

[Misserfolge]

Misserfolge sind genauso wichtig wie Erfolge. Wer nie verliert hat den Sieg nicht verdient, das wusste schon Udo Jürgens. Um sich persönlich entwickeln zu können sind Misserfolge unabdingbar. Man muss ihnen nur den „Charakter des Versagers" nehmen. Ohne Missstände oder Unwohlsein würde kein Mensch etwas ändern.

Stellen Sie sich einmal vor, Sie würden gemütlich auf einer Couch rumgammeln und entspannen. Warum sollten Sie diese Position ändern? Es geht Ihnen doch gut und es tut nichts weh. Chillige Perfektion. Sobald aber die sechste Bandscheibe Alarmzeichen sendet, werden Sie Ihre Haltung überdenken und ganz unweigerlich eine neue Position suchen, um bequem und schmerzfrei sitzen zu können.

Warum sollte es in beruflichen oder privaten Dingen anders sein? Misserfolg ist keine Kennzahl für Versager sondern ein normaler Prozesse im Leben. Wir sollten nur daraus lernen. Misserfolge stacheln die Lebensgeister und Instinkte an.

Natürlich sollte man alles tun um unnötige Misserfolge zu vermeiden, aber das Restrisiko sollten wir in Kauf nehmen. Sicherheit führt zu Stillstand. Stillstand führt zu Rückschritt und Rückschritt führt letztlich wieder – weil unzufrieden – zu Aktivität. So einfach ist das Leben. Wer aktiv ist, wird Misserfolge haben. Aber er wird auch Erfolge haben. Wer das Risiko scheut und keine Entscheidung trifft hat irgendwann gar kein Risiko mehr, weil er nämlich keinen Job mehr hat.

Beobachten Sie einmal ein Kleinkind. Das beginnt die Welt zu erkunden in einer unglaublichen Neugier und mit kaum zu bremsendem Tatendrang. Schublade aufziehen. Finger einklemmen. Aua. Die Schublade wird aber bei nächster Gelegenheit wieder aufgemacht. Weil es spannend ist. Oder betrachten wir die ersten Gehversuche. Es steht auf und fällt um. Tränen. Und es steht wieder auf. Natürlich wird es wieder umfallen. Und wieder fließen Tränen. Aber irgendwann lernt es laufen. Wenn das Kleine nach zwei Versuchen aufgeben würde, würden wir heute auf allen Vieren über die Welt krabbeln. Das wäre mal ein Bild ...

Think about

- ✓ *Haben Sie bei allem was Sie tun immer nur Erfolg? Wenn ja: Herzlichen Glückwunsch!*

- ✓ *Wie gehen Sie mit Teilerfolgen oder gar Misserfolgen um?*

- ✓ *Wie verkaufen Sie solche Ergebnisse? Warum gerade so? Was sind die Konsequenzen?*

- ✓ *Was haben Sie aus Misserfolgen schon gelernt?*

Persönliche Notizen

An der Theke des Bistros tauchen zwei weitere Geschäftsmänner auf. Elegant gekleidet, blitzblanke Schuhe (und das nach einem Tag im italienischen Staub), moderne Reisegepäckstücke. Ein sehr gepflegtes Äußeres, ansprechend und seriös. Allerdings verändern die folgenden Minuten mein Bild drastisch. In weniger als 12 Minuten verschlucken die beiden Burschen jeweils 3 Gläser Pils. Respekt. War wohl ein warmer Tag und offensichtlich gab's wenig zu trinken. Das angenehme Äußere bleibt, aber der seriöse Eindruck ist dahin. Auch nur ein Mensch wie Du und ich.

Ich schlendere Richtung Gate und komme an einem Duty Free Shop vorbei. Ich liebe diese Düfte und Gerüche hier und bleibe kurz stehen, schließe die Augen und inhaliere kräftig. Ein Gefühl von Freiheit und weiter Welt durchströmt mich. Eingebunden in die Düfte von sämtlichen hochpreisigen Parfümherstellern. Als ich die Augen wieder öffne verlässt gerade ein Geschäftsmann die Kasse und packt mehrere Flaschen Amarone in seinen ohnehin überfüllten Trolley. In einer Tasche daneben stehen weitere lokale Köstlichkeiten wie Parmaschinken oder frischer Parmesankäse die man hier mühelos für viel Geld erstehen kann.

Überhaupt: das Einkaufsverhalten der ach so wichtigen Geschäftsleute ist interessant. Männer. Mancher Mann würde erblassen und die gesamte Bandbreite an Gefühlsausbrüchen in hässliche Worte vertonen, wenn seine Frau einmal so nach Hause kommen würde. Da gehen wir Männer auf Geschäftsreise, haben vielleicht noch nicht einmal ein brauchbares Ergebnis oder Erlebnis in der Tasche, aber wir stopfen uns die Trolleys im Duty Free Shop voll als gäbe es kein Morgen mehr. Wenn unsere Frauen einkaufen, dann sind wir immer auf maximale Schadensbegrenzung aus. Wenn die Herren dieser Schöpfung den Laden betreten, dann gibt's keine Limitierung. Wein, Whisky, Schokolade, Zigaretten, Parfüm, Schinken, Käse und Elektroschrott von morgen … alles nur vom Feinsten. Zollfrei versteht sich. Über Preise denkt keiner nach. American Express wird's schon richten. Hauptsache die Taschen sind voll. Manchmal kann man sich des Eindrucks nicht erwehren, dass die fein gekleideten Herren eigentlich nur zum Airport-Shopping nach Amsterdam, Mailand oder London geflogen sind.

Sicherlich, die Läden sind verlockend angeordnet, die Inhalte auf die reisende Klientel abgestimmt und die Angebote faszinierend. Es spricht natürlich auch nichts gegen ein Mitbringsel. Aber die Einkaufswut mancher Männer kurz vor dem Abflug ist schon äußerst beeindruckend.

Es sind noch 15 Minuten bis zum Boarding als ich das Gate erreiche. Aber auch jetzt ist keine Zeit für Langeweile. Zwei offensichtlich äußerst wichtige Manager hängen am Handy und diktieren der armen Assistentin im heimatlichen Büro wie der Tag verlief, wie perfekt man die Diskussion geführt hat und wie erfolgreich man die anderen übers Ohr gehauen hat. Die Taktik wird öffentlich ausgerollt und in einer Lautstärke am Gate platziert, dass es auch wirklich jeder hören kann. Wirklich tolle Kerle. Aber was nützt die geheime Taktik, wenn 150 andere Passagiere das nun auch wissen? Was nützen ins Telefon gebrüllte Informationen über geplante Patentanmeldungen? Wenn ein pfiffiger Kopf da sitzt, wird er das Patent vor den anderen anmelden, ohne zu wissen um was es sich handelt. Aber damit ist immerhin noch Geld zu verdienen. Kann das Patent ja dann an den Schreihals verkaufen.

Überhaupt, diese von sich so überzeugten, scheinbar cleveren und zugleich so taktlos agierenden Geschäftsmänner sind eine Plage. Sie verhalten sich geschäftsschädigend, belästigen andere Passagiere und klauen das angenehme Gefühl des Feierabends.

Ich sehe aber genauso auch Manager die telefonieren zurückgezogen in irgendeiner Ecke des Wartebereiches und kein Mensch hört und registriert was sie reden oder vereinbaren. Das sind nicht nur Gentlemen, sondern sehr wahrscheinlich auch die wirklich wichtigen Menschen. Die erledigen Ihren Job, gehen diskret und sorgsam mit vertraulichen Informationen um und haben keinen Zwang zur Selbstdarstellung.

Auch sehr reizend waren einmal zwei Businesskasper, die sich am Abfluggate getroffen haben und offensichtlich nicht kannten. Eine rein zufällige Begegnung wie man sie am Flughafen ab und zu erleben kann. Aus irgendwelchen Gründen kamen sie ins Gespräch, haben zunächst belanglose Dinge ausgetauscht und einen netten

Feierabend-Chat aufgebaut. Einer der beiden war der treibende Faktor in diesem Gespräch, während der andere eher in der Opferrolle steckte. Das Gespräch wurde langsam wissenschaftlicher, die Tagesarbeit kam dazu und dabei wurden – soweit ich das beobachten konnte – Gemeinsamkeiten entdeckt. Bis dahin eine völlig normale Aktion. Interessant wurde, was nun kam: Der Aktivere der beiden Typen wurde vom Wahn getrieben, seine Erfolge zu präsentieren und damit Anerkennung zu ernten. Voller Elan zog er eine Geheimhaltungs-vereinbarung aus der Tasche die er heute erbeutet hatte und hielt sie seinem Gesprächspartner unter die Nase. Der konnte gar nicht anders als das Ding zu lesen und zu bestaunen. Gekrönt wurde die Aktion dann noch dadurch, dass sich beide gemeinsam Änderungen und Satzkorrekturen überlegten und diskutierten. Herrlich, oder? Warum heißt das Ding GEHEIMHALTUNGSVEREINBARUNG? Ich bin mir nicht sicher, ob dieser Kasper den Sinn seiner Arbeit verstanden hat oder es jemals tun wird ...

Persönliche Notizen

6. Ab nach Hause

Endlich, die Anzeige über dem Gate wird scharf geschalten, die grüne Lampe blinkt und die Ansprache zum bevorstehenden Boarding beginnt. Wieder bricht Hektik aus. So eilig wie morgens alle weg wollten, so eilig zieht es nun offensichtlich alle wieder nach Hause. Klar muss das nun schnell gehen, der Käse muss ja auch in den Kühlschrank. Und Frascati Trebbiano schmeckt gekühlt auch um Welten besser.

„… wir bitten zunächst alle Passagiere mit Sitzplätzen in den Reihen 17-28 zum Gate zu kommen …" höre ich gerade noch und setze mich wieder hin. 6F sagt mein Ticket. Das dauert dann wohl noch. Während ich gelangweilt das Boarding verfolge entsteht auf einmal Leben am Kontrollpunkt. Ich vernehme im Stimmengewühl den Satz „mein Herr, bitte warten Sie noch einige Augenblicke bis Ihre Reihe aufgerufen wird." und sehe wie sich der Herr mit den übervollen Samsonite-Einkaufstüten laut schimpfend zur Seite stellt. Entweder will er das Boarding beschleunigen damit seine Einkäufe in den Kühlschrank kommen oder aber die Taschen werden ihm einfach zu schwer. Naja – dann stell' sie halt ab! Aber der Flieger wird sicherlich keinen vorzeitigen Slot in Brüssel beantragen nur wegen 2 Pfund italienischem Kräuterkäse. Damit wären wir wieder beim Thema Außenwirkung.

Ich betrete den Flieger. Vertraute Umgebung und das Lufthansa-Lächeln junger Flugbegleiter. Das ist nicht überall so. Fliegen Sie mal mit British Airways. Immer wieder ein Erlebnis. Allein schon der Stewardessen wegen. Die wurden vermutlich seit Gründung der Airline nie ausgetauscht. Botox-optimierte, friedhofsblonde Damen begrüßen mit der Freundlichkeit des Alters die Passagiere und man fühlt sich sofort an das heimische Seniorenstift erinnert. In dieser

Hinsicht wird BA nur noch von Delta Airlines übertroffen. Aber das ist ein anderes Kapitel: USA. Land der unbegrenzten Möglichkeiten. Sogar über den Wolken. Glauben Sie nicht? Dann buchen Sie doch mal einen Flug in die Staaten, besser noch in den Staaten ... Sie werden nicht enttäuscht.

Als ich in Reihe 6 ankomme tobt im mittleren Teil der Maschine ein heftiger Verteilungskampf um die begrenzte Lagerfläche für Handgepäck. Klar, die Einkäufe. War wohl doch etwas viel. Wieder demonstrieren gepflegt angezogen Businessfiguren, dass Ellbogen auch im 21. Jahrhundert trotz MBA Studium und Promovieren noch ein adäquates Mittel zur kurzfristigen Eroberung von Territorium sind. Die Szenen ähneln James Bond Dreharbeiten. Der beweist ebenfalls immer sehr eindrucksvoll, dass man Konflikte nicht nur durch Reden lösen kann.

Als ich meine Tasche im Gepäckfach abstelle und meinen Nebensitzer mustere, fängt dieser plötzlich herzzerreißend an zu gähnen. Große Klappe, traut man ihm so gar nicht zu. Und schlechte Zähne. Karies im Endstadium. Muss ein

Engländer sein. Ich setze mich zu ihm, begrüße ihn und meine Einschätzung wird bestätigt. Nebenan sitzt seine Frau.

An dieser Stelle beginne ich immer Beobachtungen der besonderen Art zu machen. Herrlich. Der Alltag liegt hinter einem, die Menschen beginnen ganz langsam zu entspannen. Im Flieger wird der Telefonterror ebenfalls eingestellt und 80% der Menschen suchen wieder krampfhaft nach Beschäftigung. Sehr willkommen sind hier erneut die oftmals kostenlos von der Airline angebotenen Flugblätter. Habgier regiert erneut das Konsumverhalten. „So lange dauert der Flug ja nun auch nicht" denke ich gerade noch, als eine adrett gekleidete Business-Figur zwei Reihen vor mir mit vier Zeitungen unter dem Arm in den Sessel fällt. Das Aluminiumkorsett der Sitze fängt den Körper quietschend auf.

Es gibt eine deutsche Airline, die auf den Abendflügen den Playboy austeilt. Unbekümmert und ungeniert. Das ist immer ein Spaß. Diese Magazine sind logischerweise immer als erstes vergriffen. Komischerweise hat aber keiner der so wichtigen, aufrichtigen und werteorientierten Manager das Magazin in der Hand. Logisch. Weil sie feige sind. Eingepackt in Financial Times, Handelsblatt oder Wallstreet Journal wird die Ausgabe geschmuggelt. Es könnte ja ein potentieller Geschäftspartner sehen, was man bei sich trägt. Na und? Der ist wahrscheinlich auch ein Mann und hat den gleichen Spaß an diesen Bildern. Ist das ein authentisches Verhalten? NDA, Geheimhaltungsvereinbarung und vertrauliche Firmendokumente werden in aller Öffentlichkeit zur Schau getragen, aber der Playboy muss vertraulich behandelt werden? Geht's noch? Oder haben wir da einfach etwas verwechselt? Möglicherweise haben wir den Sinn für wichtige und unwichtige Dinge verloren. Mit Verstand arbeitet heute ohnehin kaum noch jemand. Der Computer macht ja alles für uns.

Die Maschine wird vom Gate entkoppelt und rollt gemächlich undlangsam Richtung Startbahn. Das Wetter hat sich etwas verändert, Nebel ist aufgezogen und die Taktzeit zwischen Starts und Landungen werden sicherheitshalber erhöht. Immer wieder müssen wir stehen bleiben um andere Maschinen passieren zu lassen. Plötzlich ertönt die Stimme unseres Flugkapitäns: „Sorry to say this: but we lost our slot due to the air traffic here. We have to wait now another hour before we can leave Malpensa. We need a new slot from Brüssel ..." Ein hochnäsiges Raunen geht durch die Reihen. Vereinzelte Reisende lassen Flüche hörbar werden. Aber Brüssel interessiert das alles nicht. Brüssel ist nur an Deiner und meiner Flugsicherheit interessiert. Offiziell jedenfalls. Genaugenommen interessieren die sich auch nur für die Gelder der Airlines. Wirtschaftliche Interessen bestimmen eben alles im Leben.

Begeistert bin ich auch nicht. Aber was will man machen? Eine Stunde irgendwo auf dem Rollfeld stehen und warten. Schöne Aussicht. Schöner Feierabend. Das ist der Preis für unsere Reiselust.

Unsere Maschine rollt auf einen ruhigen Platz und die Turbinen verstummen. Um uns herum schwirren Maschinen auf und ab. Hin und her. Wie im Bienenstock geht's hier zeitweise zu. Ich beobachte die ankommenden und abgehenden Maschinen und male mir aus, wo diese Menschen wohl später oder morgen aussteigen werden:

Lissabon, Stockholm, Atlanta, Rio, Tokyo, Shanghai. Einige dieser Städte habe ich auch schon bereist. Meine Gedanken schweifen ab und ich beginne zu träumen von den Reisen dorthin und was ich dort schon so alles erlebt habe. Herrlich. Reisen ist schön und Feierabend ebenfalls. Zeit zum Träumen.

Ein Mensch, der ruhig bleibt, zeigt, dass er Einsicht hat; wer aufbraust, zeigt nur seinen Unverstand.

Sprüche Salomo 14, 29 [13]

Den Kollegen zwei Reihen vor mir interessiert das alles nicht. Der hat ein italienisches Magazin mit leichtbekleideten Mädels aufgeschlagen und träumt über dessen Seiten. Ich schmunzle, denn er studiert die Bilder versteckt im Handelsblatt. Arme Figur. Zu feige, um offen und ehrlich zu zeigen, was man liest. Aber auch keine Kraft um die Zeitung erst zu Hause zu lesen. Total authentisch, oder?

Die Engländerin in meiner Reihe liest eine englische Gesundheitszeitung. Die Queen hat die Ernährung umgestellt. Aha. Natürlich jubelt das Volk nun und will das Gleiche versuchen. Schließlich ist die mit ihren vielen Jahren fast unkaputtbar. Wie macht die das bloß? Der Artikel lautet „How to keep in shape". Das komplette Gemüse-Alphabet wird dabei erwähnt und gepriesen und auch die Früchte bekommen einen angemessenen Platz im Artikel. Viel interessanter als der Bericht ist jedoch die Tatsache, dass diese Figur nebenher sensationell lüstern aus einer Tüte gierig Chips futtert. Macht irgendwie Sinn, oder? Very british. Und very authentisch natürlich.

[Authentizität]

Authentisch zu sein erfordert Mut. Viel Mut bisweilen. Mut, die eigene Wahrheit zu vertreten und dazu zu stehen. Aber auch Mut um diese Wahrheit auszudrücken und zu bekennen. Mut, um Risiken einzugehen. Egal was andere sagen, meinen oder kritisieren. Wir leben in einer Zeit, in der jeder seine Meinung zu allem kundtun und äußern kann und darf. Wir werden ja so erzogen - sollten uns aber davon nicht beeindrucken lassen. Wenn wir uns ein Ziel fest vorgenommen haben, sollten wir den Weg auch gehen.

Unsere Persönlichkeit ist ja keine in Stein gemeißelte Tatsache, denn wir ändern und verändern unsere Identität im Laufe der Jahre mehrmals. Es gibt einige wichtige Kriterien, die erfüllt sein müssen um die Authentizität zu wahren:

> ➢ Klarheit über eigene Position
> Unsere Stärken und Schwächen sollten uns ebenso klar sein wie die Motive, warum wir uns so oder anders verhalten.

> *Ehrlichkeit & Aufrichtigkeit*
> *Wir neigen gelegentlich dazu anderen etwas vorzumachen und geben uns anders. Hierin geht viel Authentizität verloren. Wir sind so wie wir sind. Optisch, akustisch und im Verhaltensmuster. Das sollten wir akzeptieren und uns entsprechend verhalten.*
> *Frisierte Persönlichkeiten fallen immer irgendwann der Wahrheit zum Opfer. Wer wahrhaftig sein will, sollte Größe zeigen und auch die negativen Seiten offenbaren.*

> *Konsequentes Handeln*
> *Wer Werte und Prioritäten hat, sollte danach handeln. Konsequent und ohne Kompromisse. Vor allem dann, wenn er diese Fakten auch noch nach außen kommuniziert.*

Authentisches Verhalten beginnt bei uns selbst. Wenn wir beginnen uns an Rollen zu gewöhnen werden wir zwar vielleicht beliebter, aber auch opportun und unecht. Ecken und Kanten machen glaubwürdig, wenn man souverän damit umgehen kann.

Think about

- ✓ Was hindert Sie daran, authentisch zu sein?

- ✓ Warum tun Sie manchmal nicht, was Sie sagen?

- ✓ Wo haben Sie Unstimmigkeiten zwischen Schein und Sein?

- ✓ Wie ist Ihr Verhältnis zu den vier eben genannten Punkten?

Persönliche Notizen

Die Maschinen neben uns kommen und gehen. Von aller Welt in alle Welt. Genau das macht Flughäfen so interessant und lässt unsere Welt so klein werden. Ein paar Stunden Flug und man kann überall auf der Welt sein. Herrlich und erschreckend zugleich. Früher fuhr man mit dem Auto über die Alpen nach Italien. 10 Stunden eingepfercht in einen Golf 1. Zu viert. Plus Gepäck. Heute ist man nach 10 Stunden in Atlanta, Vancouver oder Shanghai. Ohne Golf. Dafür mit 300 anderen übermüdeten Passagieren.

Die Lichter gehen aus und die Crew beginnt wieder mit ihrem Sicherheitsballett. Es scheint wohl geklappt zu haben mit dem neuen Slot. Sicherheitsgurte, Notausgänge und Schwimmwesten ... The same procedure than every flight ... Kaum einer hört wirklich hin. Nackte Mädels und der Speiseplan der Queen sind schließlich wichtiger.

Inzwischen sind dunkle Wolken aufgezogen und der Wind hat merklich zugenommen. Ich mache mich auf einen turbulenten Start gefasst und ziehe den Gurt enger.

Aus dem MP3-Player donnert Leona Lewis mit gewaltiger Stimme gerade ihr „Better in Time" als die Maschine die Nase hebt und in den turbulenten Abendhimmel aufsteigt. Die kräftigen Bässe passen irgendwie zum Wind und den Erschütterungen und ebenso wie Leona's sichere und bewusste Stimme durch den Song führt, beißt sich der Flieger seinen Weg durch die Gewitterwolken.

Der Flug verläuft ansonsten ruhig. Selbst die scheinbar wichtigen Figuren sind nun irgendwie zu erschöpft, um sich noch zu präsentieren und Aufsehen zu erregen. Dafür fließt nun der Alkohol in Strömen. Bier, Wein, Sekt und Whisky. Ein Zeichen für den Feierabend. Und irgendwie auch ein gutes Zeichen für die Menschheit: In manche Köpfe kommt auf diese Weise wieder etwas Geist...

Auch ich genieße den Rückflug oft mit einem guten Tropfen. Wann kann man schon einmal einen Chianti oder Bordeaux bei 900 km/h in 10.000 Meter Höhe genießen? Das ist dann auch die Zeit, in der ich mich beginne wohl zu fühlen. Chillige Musik im Player, ein Gläschen Rotwein und den Sonnenuntergang über der Bretagne. Jetzt entspanne ich und die Gedanken beginnen zu kreisen. Arbeit, Familie, private Aktivitäten … Hier entstehen immer wieder tolle Gedanken. Weil ich Zeit habe. Zeit zum Denken, Vor-Denken, manchmal auch Nach-Denken. Aber dann ist es oft bereits ohnehin zu spät.

Denken. Wer macht das heute noch? Die Rechner machen doch alles vor. Die wissen genau, was zu tun ist und wann welche Schritte erfolgen müssen. In der Tat wissen die elektronischen Hilfsmittel eine ganze Menge und haben unser Leben damit deutlich besser, effizienter und sicherer gemacht. Leider haben wir im Gegenzug verlernt das Gehirn zu verwenden und mitzudenken. Wir verlassen uns vorbehaltlos auf diese Geräte und eiern wie Neandertaler durch die Welt wenn der Strom einmal ausfällt. Das ist der moderne Mensch. Elektronisch gesteuert mit externem Schädel im iPhone-Format. Denken? Das ist anstrengend. Andererseits hat es aber auch noch keinem geschadet. Das Problem heute liegt meist nur darin, dass erst im Nachhinein gedacht wird. Daher sprechen wir in unserem Sprachgebrauch auch gerne vom „Nachdenken“.

VOR-DENKEN wäre angebracht. Bevor etwas passiert, schief läuft oder Probleme bereitet. Aber dazu haben wir keine Zeit. Also bezahlen wir eben den Preis für dieses Versäumnis: Versemmelte Projekte, kaputte Beziehungen und Insolvenzen. Wir wollten es so. Nun nimm' es auch. Basta. Jammern hilft nun nicht mehr. Jammern verlängert nur Probleme, raubt uns das Lächeln und macht uns bei den Mitmenschen nicht gerade beliebter. Außerdem sind wir selbst schuld daran. Authentizität!

Bevor du dich daranmachst, die Welt zu verbessern, gehe dreimal durch dein eigenes Haus.

Chinesische Weisheit

Nach 45 Minuten Reiseflug beginnen die Vorbereitungen für den Landeanflug. Es wird wieder hektischer. Die Stewardessen schweben durch die Gänge, sammeln die restlichen Alkoholtransportbehälter ein, ziehen den Gurt enger und bitten die Rückenlehne wieder senkrecht zu stellen. Spätestens jetzt sind alle wieder hellwach. Die ersten Handys werden aus den Taschen gekramt und schon mal in die Brusttasche gestopft, damit nachher alles ganz schnell gehen kann.

Ein leichtes Vibrieren verrät, dass wir nun aufgesetzt haben. Butterweiche Landung. Respekt – und das am Ende eines Arbeitstages. Wenn ich abends die Türe zum Büro schließe klingt das nicht immer so entspannt.

Wir rollen aus und die Crew empfängt uns am Ankunftsort. Während die Dame letztmalig Anweisung erteilt, dass Handys und Mobiltelefone noch bis zum Erreichen der endgültigen Parkposition ausgeschaltet bleiben müssen, erklingt in Reihe 22 schon das erste Handy. Diesmal ein Blackberry. Genervt gibt die Stewardess auf. Der obligatorische Gute-Abend-Gruß entfällt heute. Die Stewardess ist frustriert. Logisch. Wäre ich auch.

Persönliche Notizen

7. Ankunft

Die Maschine rollt gerade aus, als die ersten Gurte katapultartig zur Seite schnellen. Raus aus dem Sitz, hoch an die Gepäckfächer und schon ist die Schlacht wieder in vollem Gange. Amüsant. Genau wie heute Morgen. Nur etwas hektischer. Heute Morgen konnten die irgendwie nicht schnell genug wegkommen und nun kann's wohl nicht schnell genug nach Hause gehen. Wahrscheinlich wegen des Käses.

Die Gangway ist noch nicht einmal am Flieger angekommen da stehen bereits 70% der Passagiere mit Sack und Pack im Gang der Maschine und warten ungeduldig auf den

Ausstieg. Es scheint so, als ob nun die Zeit wieder alles im Griff hätte. Arme Kasper. Es ist Feierabend! Fertig! Nix Arbeit! Aber keiner hört meine Gedanken. Die Menschheit ist doof.

Durch bloße Lehren sind nie die Menschen zu bekehren: Das gute Beispiel prägt allein der Lehre Sinn dem Herzen ein.

Friedrich Martin von Bodenstedt [14]

Während ich den Gang nach vorne laufe, staune ich mal wieder über die Müllberge in den Sitzreihen. Je weiter ich mich in der Maschine nach vorne kämpfe, je schlimmer wird es. Die Krönung kommt dann in der Ersten Klasse bzw. dem Businessbereich. Solche Schweine. Wenn deren Schreibtisch auch so aussieht, dann möchte ich kein Geschäft mit ihnen abschließen. Zerknüllte Zeitungen von mindestens drei Verlagshäusern, Bounty-Papiere, angeknabberte Sandwiches, Krümel, leere Flaschen .... Alles fährt wild um, auf und neben dem Sitz herum. Das sind tolle Kerle! Richtig authentisch. Wenn einer ihrer Mitarbeiter so einen Arbeitsplatz hätte, würde der wahrscheinlich durch die Hölle gehen. Beim Chef dagegen ist das selbstverständlich etwas anderes. Der weiß von Natur aus schon gar nicht was Ordnung ist. Weil er nie welche macht. Der hat für alles seine Assistentinnen die ihn organisieren, ordnen und den ganzen Scheiß nachtragen und für den Rest kommt die Reinigungsfachkraft. So geht Ordnung heute. Damit wären wir wieder beim Thema Denken. Natürlich kommt die Reinigungskolonne nachher wieder in den Flieger. Aber je mehr Arbeit die hat, desto länger steht der Flieger, desto größer wird die Verspätung und irgendwann kippt die Verspätung dann aus dem zulässigen Zeitfenster und dann ist der Slot fort. Irgendwie kommt mir das bekannt vor.

Alle strömen aus der Maschine ... und sind überrascht, weil ein Bus da steht. Ganz plötzlich und ohne Vorwarnung. Na so was – das gab's doch heute morgen nicht... Ha. Heute mal keine direkte Verbindung zum Terminal. Fußmarsch zum Bus und warten! Dennoch lässt die Hektik nicht nach. Naja. Pech. Im Bus beginnt die Warterei von Neuem, denn der fährt erst los wenn der letzte aus der Maschine gekrochen ist.

Und das kann erfahrungsgemäß dauern. Weil meist zum Schluss eine Mami mit zwei Kleinen untern dem Arm und einem Baggi vor sich jonglierend aus der letzten Reihe auftaucht.

Mobilfunknetzbetreiber lieben diese Augenblicke. Jetzt wird wieder sensationell verdient. Weil die Menschheit sinnlose Telefonate im Überfluss führt. Köstlich.

„… Hi, sind wieder da. Komme in zwei Minuten durch den Ausgang …"
Na logisch du Flachpfeife. Wodurch auch sonst? Aber wen hat das nun wirklich interessiert? Wer hat von dieser Botschaft irgendeinen Nutzen? Welchem armen Wartenden wird eine derart Unfähigkeit unterstellt, dass man ihm das mitteilen muss?

„…. Hallo Maus, wollte nur sagen, dass wir eben gelandet sind. Du brauchst mich aber nicht abholen. Ich komme mit einem Kollegen nach Hause …"
Bisschen spät, nicht wahr? Das Telefonat wäre vor dem Flug angemessen gewesen. Nun ist die

Maus sicher schon auf dem Airport und wartet. Vielleicht sogar mit einer Rose in der Hand. Aber der Alte geht vermutlich mit den Kollegen noch einen saufen. Da stört die Maus natürlich.

„… Hallo Schatzi, wir sind gelandet. Stell Dir vor, wir hatten drei Minuten Verspätung"
Schatzi interessiert das bestimmt brennend. Wenn Schatzi lesen kann, dann hängen im Ankunftsbereich kaum zu übersehende Tafeln, auf denen alle Flugbewegungen angezeigt werden. Und wenn Schatzi zu Hause sitzt, dann sind drei Minuten Verspätung relativ belanglos. Jedenfalls für Schatzi – nicht aber für die Telekom.

Die Menschen stellen ihre Dummheit wieder gnadenlos unter Beweis und freuen sich noch darüber. Erinnert irgendwie ein bisschen an DSDS. Dort sitzen ähnliche Kapazitäten. Bei den Bewerbern wie bei der Jury. Ergebniswirksam sichtbare Hohlköpfe. Aber die Nation will so etwas sehen.
Die Dummheit der Menschen ist unantastbar. Der Faktor Mensch gerät in den Hintergrund. Manchmal sogar in den Abgrund. Fachwissen und

Können, Kompetenz und Effizienz sind heute gefragt. Die menschliche Komponente hat ausgedient. Damit fangen nur noch wenige etwas an. Fakten und Ergebnisse sind heute wichtiger als soziale Kompetenz.

Natürlich habe ich auf all diesen Reisen auch immer wieder - in allen Ländern - viele Menschen gesehen, die Ihre Arbeit in aller Stille und Abseits der gefüllten Schalterhallen getätigt haben. Still und unauffällig in irgendeiner Ecke stehend. Telefongespräche, Gespräche mit anderen Reisenden, Arbeit am Laptop oder Diktiergerät. Kaum einer hat von Ihnen Notiz genommen aber sie waren da und mussten oder durften reisen wie alle anderen auch. Still, unauffällig aber wahrscheinlich unglaublich effizient und vor allem authentisch. Diese Männer und Frauen sind für mich die „wahren Helden" und Erfolgsträger im Geschäftsleben. Auch von Ihnen und ihrem Auftreten habe ich unglaublich viel lernen können.

So endet nun schließlich ein langer Reisetag, der aufs Neue mit vielen lebhaften Eindrücken versehen war. Man muss nur die Augen etwas öffnen und die Umwelt wahrnehmen und man hat die Schule fürs Leben. Kostenlos. Eindrucksvoll. Praxisnah. Lehren muss ich aber selbst daraus ziehen. Dazu brauche ich aber Zeit – und ich muss nachdenken...

Der Mensch hat dreierlei Wege, klug zu handeln: erstens durch Nachdenken, das ist der edelste; zweitens durch Nachahmen, das ist der leichteste; drittens durch Erfahrung, das ist der bitterste.

Konfuzius [15]

Nachwort

Reisen ist zweifelsohne anstrengend. Es kostet Zeit und Kraft. Es ist auch nicht immer leicht, gutgelaunt durch die Welt zu segeln. Aber in Anbetracht all dieser Erlebnisse, die ich in den vergangenen sechs Jahren sammeln durfte, darf man schon einmal die Frage stellen, was die Menschen denn überhaupt noch denken. Viele dieser „Fettnäpfchen" sind schlicht auf Dummheit und Geltungswahn zurückzuführen. Der Mensch hat ein zunehmendes Geltungsbedürfnis. Und genau dieses wird hier zur Schau getragen. Auf dem Fischmarkt schreien Aal-Albert und Krabben-Kuno um die Wette und buhlen um Kundschaft und auf den Flughäfen dieser Welt balzen hochdotierte Manager von globalen, erfolgreichen Konzernen um die Aufmerksamkeit. Kindergarten.

Machtspiele, Geltungsbedürfnis und Kompetenzgerangel. Auf diese drei Punkte lässt sich das Verhalten dieser Kollegen reduzieren. Am Arbeitsplatz nette, kompetente Kollegen und Vorgesetzte, aber wehe wenn sie losgelassen...

Dieses Buch ist ein Spiegel. Ein Spiegel des Verhaltens unserer mächtigen Regenten und denen die über uns verfügen. Ein Spiegel dessen, was niemand wahrhaben will und doch Realität ist. Die einfachen Elemente des menschlichen Miteinanders werden mit Füßen getreten, verachtet und ignoriert. Weil es keinen Gewinn bringt. Umsatz wird mit Fakten gemacht, weil Fakten messbar sind. Softskills kann man nicht messen und deshalb kommt die Menschheit damit auch nicht klar.

Nie zuvor haben so viele Menschen in unseren Breitengraden studiert – und nie zuvor war der Faktor Mensch so wertlos wie heute. Ein verwahrloster Akademiker nach dem Anderen wird an unseren Hochschulen produziert. Kennzahlenfetischisten. Sie sind auf Prozesse fixiert anstatt auf die Menschen dahinter. Stromlinienförmige Manager aus dem universitären Windkanal. Abseits jeder Humanorientierung. Zwischenmenschliche Effekte waren gestern. Heute gewinnt der schaumschlägerisch begabte Selbstdarsteller. In der Windkanalkarriere müssen Querdenker mit Ideen die nicht binnen zwei Quartalen Rendite bringen leider draußen bleiben...

Gott hat den Menschen erschaffen, weil er vom Affen enttäuscht war. Danach hat er auf weitere Experimente verzichtet.

Mark Twain [16]

Anmerkungen

Nicht Sprüche sind es, woran es fehlt; die Bücher sind voll davon. Woran es fehlt, sind Menschen, die sie anwenden.

Epiktet [17]

Vorwort I
1. Aurelius Augustinus, bedeutendster christlicher Kirchenlehrer und wichtiger Philosoph an der Epochenschwelle zwischen Antike und Mittelalter, 354 – 430 n.C

Kapitel 1
2. Samuel Johnson, Englischer Gelehrter, Schriftsteller und Kritiker, 1709 – 1784
3. Marc Aurel, römischer Kaiser, 121 – 180 n.C.
4. Rainer Gottschalk, Autor, geb.1973

Kapitel 2
5. Rainer Gottschalk, Autor, geb. 1973
6. August von Platen, dt. Dichter, 1796 - 1835

Das soziale Koma